Narrative Literacy

# ナラティヴ・リテラシー

――読書行為としての語り――

丹藤 博文 著

TANDOH Hirofumi

溪水社

# はしがき　――ナラティヴ・メソッドへ――

やまと歌は、人の心を種として、万の言の葉とぞ成れりける。世中に在る人、事、業、繁きものなれば、心に思ふ事を、見るもの、聞くものに付けて、言ひ出せるなり。花に鳴く鶯、水に住む蛙の声を聞けば、生きとし生けるもの、いづれか、歌を詠まざりける。力をも入れずして、天地を動かし、目に見えぬ鬼神をも哀れと思はせ、男女の仲をも和らげ、猛き武人の心をも慰むるは、歌なり。

（仮名序『古今和歌集』、新日本古典文学大系5、岩波書店、一九八九年）

いにしえの昔から、歌は、その本質的な機能として「力をも入れずして、天地を動か」すものとされてきた。そうであるなら、物語もまた、人々を感じせしめたり、思考へと誘ったりすることで「天地を動か」すと言えるだろう。言葉自体が、そのような行為性・可能性を持っているからである。すなわち物語もまた世の人々に何事かを成すためにある。

現代の情報化／消費化社会において、物語はテレビドラマからアニメ、映画、動画、ゲームにいたるまで、いたるところに見出すことができる。しかしながら、物語はそのような行為性を剥奪され、

「おもしろい／おもしろくない」といったレベルで受容されるばかりである。「おもしろい」は受容にとって欠かせない要因であるに違いないが、そのままでは消費の域を出ない。「天地を動か」すとは、既有の認識を更新する、メタ認知の変容をもたらすといった行為に誘うものであるだろう。また、消費者の見たいものが見たいように制作され、受容者は対象に自己を見ている。行為性ばかりか他者性も不在なのである。

高度情報化社会の中で、子どもたちのリテラシーが危ぶまれていることに異論を差し挟む余地はないだろう。子どもらの言葉の力をどう保証するかは学校教育における喫緊の課題である。そのためには、本書で詳しく論じるように、内容主義・心情主義・作者中心主義・道徳主義などのこれまでの読み方を超え、テクストの形式や機能に目を向ける物語論《ナラトロジー》（narratology）、すなわちメタ物語的アプローチが不可欠である。

物語とは、なにも文芸やドラマだけではない。われわれは、物語的図式《スキーマ》にしたがってものごとを理解しようとする。認知・認識にとって、物語的理解は避けられない。それゆえ、物語を読む力をつけることは、あらゆる言説やテクストの読みの力を養うことになり、ひいては子どもたちの世界認識に影響を与えずにはおかないだろう。物語的な理解を支える、物語を読み・書く能力の育成を具体化しなければならない。学び方を学ぶための、読みの方法を身につけさせることが肝要となる。国語教育における読み方教授は、歴史的に、レター・メソッドからワード・メソッドへ、そしてセンテンス・メソッドへと展開し今日にいたっている。文意を直観し部分を検討するという読み方は、もちろん今日でも有効であるが、情報化社会においては物語を方法的・メタ的に読むことが求められる。その意味で、〈ナラティヴ・メソッド〉へと展開すべきである。本書の題を『ナラティヴ・リテラシー』とした所以である。〈ナラティヴ・リテラシー〉とは、物語の読み書き能力といった意味であるが、本書では「読むこと」を中心的に扱っており、「書くこと」については特に触れていない。

文学教材を「読むこと」の授業において、物語の行為性を具体化するためにはどうしたらいいか。このことが本書で追究したリサーチ・クエスチョンにほかならない。それゆえ、本書は専門的な物語論研究そのものではないし、ある特定の物語についての作品研究でもない。また、物語分析の方法を網羅的に取り入れようとするものでもなく、あくまで、物語論に学びつつも小・中学校における国語の授業への汎用性を意識し、方法としての「語り」を取り入れながら、分析的に読むことで物語の行為性を可視化することを企図した。

第Ⅰ部では、〈ナラティヴ・リテラシー〉のための言語論・物語論について概説したうえで、物語分析の指導過程について提案した。第一章では、国語の授業における「読むこと」の問題点や課題を指摘した。これまでの読みの教育の陥穽《アポリア》が、言語論的転回以前の実体的な言語観に由来することを明らかにした。第二章では国語教育における言語観は言語論的転回以前の用具主義的言語観の域を出ないことを指摘し、言葉の教育においてこそ言語観そのものを変えることが必須であることを述べた。言語論的転回は、〈ナラティヴ・リテラシー〉の基本的枠組みである。第三章では、物語とは何かを理論的に探求したうえで、語りとは何か、語りの方法などについて、小学校から高校の文学教材を例としながら具体的に述べた。第四章では、フランスの中学校国語教科書における物語分析を研究し、日本の国語授業における物語分析指導の参考とした。第五章において、語り分析の指導事項を明確なものとしたうえで指導過程試案を具体的に提示した。

第Ⅱ部では、第Ⅰ部第五章で提案した指導過程をもとに、小学校教材『おにたのぼうし』（あまんきみこ）・『ごんぎつね』（新美南吉）・『大造爺さんと雁』（椋鳩十）、中学校教材でもあった『雲』（あまんきみこ）の語り分析と読みを述べた。語り分析からテクストの行為性への道筋を追究した。

第Ⅲ部では、〈ナラティヴ・リテラシー〉の立場から、詩教材や説明文の読み方について再考を試みた。言語は物語化を免れない以上、あらゆる言説、テクストを物語の視点からとらえることができる。語りは、詩教材はもちろん、説明文においても問題とされる必要がある。

言語論的転回は、国語教育研究や実践において、未だ、広く行われているとは言えないだろう。国語教育は、いまもって百年前の言語実体論・解釈学的図式から脱却していない。しかしながら、「情報化／消費化社会」と言われて久しく、「デジタル的転回」と言われる今日であればこそ、物語を物語として読むことを教室で具体化すべく、あるいは教室における物語教材の受容を、子どもにとって消費ではなく行為とするために、本書を斯界に問おうとするものである。

# 目　次

# 第Ⅱ部 ナラティヴ・リテラシーの実践

# 第Ⅰ部　ナラティヴ・リテラシーの理論

# 第一章　教室における「読むこと」の課題

## 1　言語の教育としての文学の読み

### ①文学教材の読まれ方

国語科は言葉を学ぶ教科であり、文学教材なら文学としての独自性に応じた授業がなされるべきである。しかし、国語教育関係の研究会に参加したり実際の授業を参観したりしてもかならずしもそのようになっていない。まずは、実際の教室での読まれ方の問題点について見ていくことにしよう。

#### a　内容主義・主人公主義・心情主義

国語科は、内容面と形式面の両方を併せ持つ教科である。とりわけ、文学的なテクストの場合、そのテクストの内容のみならず形式的な表現方法にも教材としての価値がある。いわゆる技能的価値と呼びならわされるものであり、技能的価値もまた指導の対象であることは言うまでもない。しかし、よく見かけるのは、何が書いてあるかといった内容のみを読む内容主義である。これは、主人公の生き方を前景化する主人公主義と言ってもよい。

さらに登場人物の「気持ち」を読む心情主義も国語の授業のお約束となっている。これは、本文末に付される「てびき」を見れば一目瞭然である。例えば、『ごんぎつね』で見てみよう。

兵十に対するごんの気持ちは、①どこで変わりましたか。②どんなふうに変わりましたか。

（学校図書『みんなと学ぶ　小学校国語　四年下』）

(2)ごんの気持ちがわかる表現を場面ごとにノートに書き出し、気持ちのうつり変わりを話し合いましょう。

（教育出版『ひろがる言葉　小学国語　4下』）

2—（2）ごんは、どのような気持ちで、次のような行動をしたのでしょうか。

（三省堂『小学生の国語　四年』）

兵十に対するごんの気持ちを考えながら読み、最後の場面のごんと兵十について感想を伝え合おう。

（東京書籍『新編　新しい国語　四下』）

▼「1」の場面で「ごん」がしたいたずらによって、その後、「ごん」と「兵十」は、たがいに

相手のことをどう思うようになったでしょうか。場面ごとに「ごん」が「兵十」にしたことをまとめ、そのときの「ごん」の気持ちを読み取りましょう。

（光村図書『国語四下　はばたき』）

（傍線は、丹藤）

文学教材の「てびき」にはたいてい主人公の「気持ち」が問われることになっている。言語活動の充実が言われても、この事情に変わりはない。「気持ち」を読むことが必ずしもいけないと言っているわけではないが、これがテクストの読みの足かせになっていることもある。例えば、主人公の「気持ち」は問われても、それ以外の人物の気持ちはあまり問題とされない。「ごん」の「気持ち」は話し合われても、「兵十」の「気持ち」が問われることはない。しかし、「第Ⅰ部第二章　国語教育における言語の問題」で述べるように、「兵十」が「ごん」をどう見ているかは、読みにとって必須である。また、主人公の「気持ち」を読む必要がほとんどない教材もある。『白いぼうし』（あまんきみこ）は、四年生の教材であるが、「松井さん」のやさしさを読み取ることが授業で中心化されている。しかし、このテクストはそもそもファンタジーである。「松井さん」は、異界との接点を垣間見る役割を担っているだけであって、「松井さん」の人物としての表象よりも、ファンタジックな世界こそが問題なはずである。内容のみ前景化されて、主人公の心情ばかりが読まれる傾向にあると言わざるを得ない。

### b　作者中心主義

文学作品には、作者の思想なり主題なりが反映していることを前提とする読み方である。戦前の読み方教育は、作者を中心とする解釈学であり、読むとは作者を読むことであるとされた。今でも「作者は何を言いたいの？」という発問がよくなされているように、そのような解釈学的な読解は、国語教育においていまだに強固である。作者の伝記的事実を根拠とする読み方と言ってもよい。別の言い方をすれば、作品そのものではなく、作者を読んでいるということである。例えば、宮澤賢治の作品は、小学校から高校までの教科書に複数掲載されているが、仏教徒でありデクノボーである自己犠牲的な精神の持ち主としての作者があらかじめ設定されていて、それは作品そのものの読みを疎外する結果となっている。テクストを作者からは自立した言語表現とすることは読みの前提である。

### c　道徳主義

文学作品に道徳的な教訓を読み取ろうとするものである。『少年の日の思い出』（ヘッセ・中一教材）は、「人のものを盗むのはよくない」「一度犯した罪は二度と償いができない」といった生活指導と見まごうばかりの主題が与えられたりもしたのである。それでは言葉の教育としての文学教材の読みにはならないことは多言を要しないだろう。文学教材は安易に道徳化されて読まれる傾向にあるが、文学と道徳は似て非なるものである。道徳が特定の価値観を一方的に与えるものであるとすれば、文学教育は読者が主体的にかかわることで、自らの既有の価値観を変容させたり新たな認識を獲得させたりすることを企図するものだからである。道徳が教科化されようとしている今日、文学と道徳との差異に自覚的である必要がある。

### ② 言語観の問題

文学といわれるテクストでありながら、なぜ主人公のみが前景化されたり、作者に読みの根拠が求められたり、道徳的に読まれたりするのか。それは、第一に言語観の問題であり、第二に読み方に原因があると考えている。以下、そのことについて説明する。

#### a 言語論的転回

作品は作者の思想が反映されたものだとする考え方の根拠は、言語を道具とする用具主義的言語観（言語代用説）に基づいている。言語が意味・内容を運搬するという前提に立つから、作者の意図もそのまま作品に反映されると信じて疑うことはないわけである。国語教育では、言語を道具とみなし、それゆえ実体とする言語観が根強い。

しかし、そのような言語実体論は、二〇世紀に入り見直しを迫られた。フェルディナン・ド・ソシュールを嚆矢とする記号論やルートヴィヒ・ウィトゲンシュタインらによる分析哲学は、言語をそのような道具とする見方を否定した。いわゆる言語論的転回である。言語と指示対象は一対一の関係にない。言葉が指し示すのは、むしろ他の言葉である。それゆえ、言語論的転回では、現実の世界があって言葉があるのではなく、言葉が世界を構成しているとされる。われわれは、言葉によって世界を分節化し構造化しているのである。「虹」を日本人は七色、イギリス人は六色、ネイティヴ・アメリカンは三色に見るといったことは誰がどう見ても「虹」なる存在が客観的にあるわけでないことの証左となっている。われわれは、言語化された世界に生きており、言語化されていない世界や現実（外部）はあるにせよ、言語の限界がわれわれの認知や認識の限界なのである。したがって、作者の言いたいことが作品に忠実に反映されているなどという根拠はないということになる。テクストは作者からは自立したものであり、テクストの一義的な主題が保証されない以上、道徳的な読み方はまったく意味をなさないものとなる。

このような言語論的転回については、次章においてさらに述べるけれども、哲学・歴史学・社会学・教育学・臨床心理学など、さまざまな分野・領域において自明のこととされ研究が進展している。哲学では言語を問題とする分析哲学がこの数十年進展してきた。歴史学では一九七三年へイドン・ホワイトが、「歴史は物語られる」ことに目を向け歴史言説の修辞的分析が歴史研究の主たる潮流となった[1]。社会学では、言葉が世界をかたちづくるという見方により「社会構築主義（社会構成主義）[2]」が主流となっている。さらに、臨床心理学でも臨床を「語り」「物語」という視点からとらえ直す方法として「ナラティヴ・アプローチ[3]」が盛んに試みられている。しかし、言葉の教育であるはずの国語教育は、如上のごとき言語論的転回になんら応じていない。研究的なアプローチのみならず、教育行政から教育現場にいたるまで、言語論的転回以前の言語代用説・言語実体論の域を出ていない。そのことが文学の読みそれ自体を疎外しているばかりでなく、さまざまなレベルで齟齬や矛盾をきたすことになっている。例えば、学習指導要領や教科書では「事実」と「意見」を区別すべきことが説かれている。しかし、言語論的転回によると「事実」という指示対象があって「意見」として表象・伝達されるのではない。「事実」として認識することそれ自体が言語化を免れていないのである。同じ事件・出来事を扱っていても、メディアによって報道のされ方は違うように、言語から離れた「事実」ということはないのである。さらに言えば、あらゆるテクストは、言葉と言葉の関係である以上修辞的だということでもある。よく説明文は「現実」で文学は「虚構」といったように区別されるが、「現実」も言語化を免れない以上、説明文もまた修辞的であるほかはない。文学と言われるテクストも、デフォルメ（変形・歪曲）されたものであり、「現実」という外部との対応関係ではなく、語り手と登場人物などテクスト内のメタレベルが問題とされなければならない。例えば、『故郷』（魯迅・中三教材）を授業するのに、辛亥革命という時代背景や作者魯迅の伝記的事実が引き合いに出されたりするが、それは社会科の授業であって、国語の授業ではないことは自明である。

## b　他者体験としての読み

中学校教科書の定番教材として、『少年の日の思い出』、『走れメロス』（太宰治・中二教材）、『故郷』をあげることができる。これらは、すでに半世紀にもわたって掲載され続けている。それでは、教室において、どう読まれているか。『走れメロス』は、「友情と信実」の物語であり、『故郷』は「希望を持って生きることの大切さ」が主題とされている。先にあげた内容主義・主人公主義の格好の例である。しかし、それなら、なにもわざわざ学校で読む必要があるのだろうか。「友情」や「信実」なら、アニメや映画などでもお馴染みのテーマなのではないか。「希望」を持たせたいなら、『故郷』を読むよりも、みんなで合唱したりテレビの学園ドラマでも見た方がてっとり早いのではないか。中学生に「友情」の大切さを教えたい、高校受験を目前にした三年生に「希望をもってがんばれ」と励ましたいという学校側・教師側のメタメッセージがあるのは理解できる。しかし、それでは、『走れメロス』や『故郷』それ自体を、文学として読んだことにはならないだろう。

また、「友情」にしても「希望」にしても、それは生徒の既有の見方・価値観を追認しているにすぎない。文学を読むとは、生徒にとって既有の見方とは異なる見方に立ち会わせることであろう。主人公や登場人物に同化しつつも、他者として異化する体験がとりわけ重要である。読者は、読書行為という虚構の世界で、主人公に同化しながら読んでいくだろう。しかし、一方で、自分が主人公その人でないことも了解している。つまり、〈私〉であって〈私〉でない、という中間的な位相をとるのである。〈私〉であることから解放されるが、そうかといって〈私〉と無縁ではないという地点で、悲しんだり、怒ったり、考えたりする。そこでは、〈私〉だけでない、他者の見方や考え方に出会う。日常の世界とは異なる、〈私〉の見方とは違う他者体験に文学の読みの役割がある。他者とは自己化できない対象である。既有の見方を追認することに留まるのでなく、異質な他者とのせめぎあいや葛藤を体験する。そのこと自体が読む行為であろう。そのためには、教える者がまず読みをもつものでなければならない。教師の読みの質が授業を左右する。授業力向上と言われる昨今であるが、何を教えるかがないところに、どう教えるかもないはずである。教材研究の重要性はいくら強調してもしすぎることはない。

## 2　文学の教材研究

### ① 教材研究とは何か

教材研究とは教材としての価値を引き出すことである。生徒の発達段階や実態をふまえて、目の前の生徒にとって、この教材を扱うことにどのような意味があるのかを考えるのである。文学教材の場合、その作品について一人の読者として自分なりの読みを持つことが不可欠である。もちろん、読みを持つことは、そんなにたやすいことではない。それでも、自分の読みを持つものでなければならないのは、子どもの読みに対応するためである。自分の読みを持つとは、生徒に自分の読みを押しつけるという意味ではまったくない。そうではなくて、授業を生徒に開かれたものにするために必要なのである。実際の授業では、予想もしない反応が出てきたり、不可解な読みが出されることもある。指導案の通りに進むとは限らないのがむしろ普通である。しかし、そこにこそ授業のダイナミズムを見るべきである。そのためにも、自分の読みを構築しておく必要がある。自分の読みをもって授業にのぞめば、授業は楽しいものとなる。生徒がどう読むのかが気になり、その読みの意味するところが理解できるからである。

　どのような授業をするかは、その教材をどう読むかにかかっている。それは、そのテクストの構造・語り・修辞など固有の方法に目を向けていくことである。ここでは、基本的に重要と思われるテクストの方法について述べることにしたい。方法を読むことがそのテクストが拓く独自の世界に近づくことになるからである。

② 方法を読む

## a 物語／小説

物語と小説は、文学教材として一括されるが、区別して考えた方がよい。『ごんぎつね』（新美南吉・小四教材）は物語だが、『少年の日の思い出』は小説である。物語とは、二つ以上の出来事が継起的に語られた言語行為のことである。「メロスは走った。」では物語にならない。「メロスは走った。そして約束の時間までに戻ってきた。」という複数の出来事があって物語となる。また、物語とはある出来事を「はじめ―中―おわり」という時間の流れにそって筋立て意味づけていく行為でもある。二つ以上の出来事があるということは、物語には時間が生じるということである。また、物語には主人公（登場人物）がいる。主人公Aは、ある出来事に遭遇し体験することでA'へと変容する。この場合主人公は異界へと参入することが多い。桃太郎は鬼ヶ島へ行き鬼退治をして裕福になって帰還する。宮崎駿監督『千と千尋の神隠し』の主人公「千尋」も、「湯婆婆」の世界に迷い込み、精神的にたくましい女の子になって現実世界に戻ってくる。異界との往還は古典的な物語の典型である。小説については後述する。

### b　文脈化／脱文脈化

言葉の意味は文脈において決定される。「花」という言葉も、古典文学では「梅」や「桜」のことを意味するし、「花ある君と思ひけり」（島崎藤村『初恋』）の「花」は実際の「花」ではなく比喩的な意味に解することになる。文学的なテクストの場合、字義通りの意味（辞書的な意味）だけでなく、テクストの文脈に応じて意味を付与していくことが基本的な作業となる(4)。

しかし、一方で、文学を読むことは、文脈から逸脱することでもある。脱文脈化とは、想定した意味を相対化するということである。読むうえで脱文脈化が必要なこともある。『走れメロス』では、語り手は「メロス」を「友情」と「信実」のヒーローに仕立て上げようとする。しかし、自分で友人を人質に差し出しておきながら友を救うために走るというのは欺瞞ではないのかという語り手の文脈からは逸脱した読みも可能であり、かつ意味のあるものとなるだろう。

### c　語り手／語り

物語にせよ小説にせよ、誰かがある視点から語ったものである。先に述べたように、従来「作者」が問題化されてきたが、中学校教科書においても、平成二四年度版から「語り手」を問題とする学習課題が出され、コラムとして説明されてもいる。語り手とは、物語行為をなす虚構上の主体である。作者とは異なることに留意しなければならない。テクスト外の作者とテクスト中の語り手とは別に考えることが必須である。『竹取物語』以来、作者と語り手が分裂していることが虚構テクストの特徴なのである。新聞や論文では、書いた者の責任が問われる。しかし、文学の場合、人殺しの小説を書いたからといって罪に問われることはない。語り（方）を読む、語り―語られる関係、語ることと語られることの相関関係を読むことは、文学テクストを読み深めていくうえで肝要であることを強調しておきたい。

語り手はすべてを語り尽くすことはできない。ある視点を選択し（登場人物の外であったり内であったりする）、その語り手なりの価値観や方略により語るのである。それゆえ、何かを語ることは何かは語らないことであり、あるいは語ることによって別の何かを語ってしまうこともある。ここで注意しなければならないのは、従来言われてきた「視点論」とは異なるということである。ジェラール・ジュネットは次のように述べている。

> （前略）遺憾ながらその大半が、本書において私が叙法と呼んでいるものと態と呼んでいるものを混同しているのである。言い換えるなら、どの作中人物の視点が語りのパースペクティヴを方向づけているのか、という問題と、語り手は誰なのか、というまったく別の問題が、あるいはより端的には、誰が見ているのか、という問題と、誰が語っているのか、という問題とが、混同されているのだ。[5]

「誰が見ているのか、という問題と、誰が語っているのか、という問題」とは別だということであり、注意が必要である。『蜘蛛の糸』（芥川龍之介・中一教材）で言うなら、「蜘蛛の糸」を「犍陀多」

が登っている場面、「ところがふと気がつきますと、蜘蛛の糸の下の方には、数限もない罪人たちが、自分ののぼった後をつけて、まるで蟻の行列のように、やはり上へ上へ一心によじのぼって来るではございませんか。(6)」において、見ているのは「犍陀多」だが、語っているのは「ございませんか」という丁寧体からもわかるように語り手である。「誰が見ているのか」と「誰が語っているのか」は区別されねばならないのである。

## d　二重の時間／二重の世界

国語教育では、よく「描写」が取りざたされるが、「描写」が眼前の事象なり出来事なりを描くことだとすれば、厳密に言うと、物語や小説においては「描写」されることはない。語りとはあくまで事後的になされるからである。野家啓一が言うように「われわれは現在の出来事を『描写』することはできるが、過去の出来事を『描写』することはできない(7)」のである。ということは、出来事が起こった時点と語られている時点とは異なるということである。『夏の葬列』（山川方夫・中二教材）では、主人公が大人になった現在の時間と学童疎開していた戦時中の時間が交互に語られている。過去がフラッシュバックして、現在の主人公を脅かすというこのテクストに効果的な語りが用いられているのである。つまり、出来事が起こった時間と語っている時間の二つの時間がテクストには流れているということである。さらに言えば、時間の隔たりがある以上、語りによってもう一つの時間は、忠実に再現されている（描写されている）というより、語ることで編集・加工を免れないということでもある。

また、時間が二重化されているということは、世界も二重に語られるということである。『オツベルと象』（宮澤賢治・中一教材）では、冒頭「……ある牛飼いが物語る」とあり、語り手は「牛飼い」という視点人物を設定している。そして「オツベルときたらたいしたもんだ」「オツベルかね、そのオツベルは俺も言おうとしてたんだが、いなくなったよ」とあり、「オツベル」が「白象」の到来により破滅していく出来事の世界とは別に、「牛飼い」が語っている世界があることがわかる。物語や小説には、二重の時間が流れ、二重の世界が併存することは他のテクストには見られない文学に特有のことであり、読み方の基本として生徒にも意識化させておきたい。

## 3　文学の授業研究

太宰治作『走れメロス』は、一九四〇（昭和一五）年五月『新潮』に発表された。教科書には、一九五六（昭和三一）年に初めて採用されている。教育における受容の傾向としては、「友情」や「信実」が主題とされ、メロスの自己変革がその根拠とされる。妹に祝言をあげさせ、ディオニス王との約束を果たすため王城に戻る途中、いったんは不貞腐れるものの、再び走り出しセリヌンティウスの命を救う。すなわち、王に「信実」の存するところを身をもって示し、友人の命を救うという「友情」物語として読まれてきた。授業でも「友情」「信実」が主題化され、中学生もメロスの行動に感動するというように読まれてきた。しかし、複数の実践報告が指摘するように、そのようなメロスに欺瞞を感じ、非現実的でばかばかしい話だとする批判的な反応が出されてもいることを看過してはならないだろう。つまり、教材研究の時点では、「友情」と「信実」が主題として措定され、そこに教材価値を見出したとしても、授業ではその主題自体に違和感を持ち批判的な読みを出す生徒もいるということである。批判的に読む読者は、教材を読めていないからだと断定することはたやすい。しかし、複数の授業からそのような報告がなされている以上、授業の意図にそぐわないからといって切り捨ててよいものだろうか。実際のところ、文学研究においても批判的・消極的な読みは少なくない。また、『走れメロス』は、一九三七（昭和一二）年『新編シラー詩抄』（小栗孝則訳、改造社）所収の「人質」が参照されたことは周知のことであるが、授業では「人質」との比べ読みが行われ、『走れメロス』に違和感を持つ生徒たちも「人質」にならし「友情」や「信実」を読むことができたと報告されてもいるのである。すなわち、『走れメロス』に批判的な生徒の読みは、けっして読めていないとばかりは言えないことになる。とすれば、『走れメロス』に「友情」や「信実」を見、そこに教材価値を求めること自体が再考されねばならないということである(8)。

教材研究は授業によってたえず見直される必要がある。また、授業それ自体も、読者の反応によっては再考され変更されるものでなければならないだろう。文学の授業において必要なのは、教材研究と授業の相互的な往復であろう。教育は目的を持って営むべきものであり、授業にはめあてが、教材研究には読みが不可欠である。しかし、少なくとも文学の授業においては、教材の価値はけっして自明のものでも所与のものでもなく、生徒の反応によっては再考されねばならない、開かれたものであるべきだろう。読者の側に立つこと、読者とともに授業をつくることこそ、文学の授業において求められている。

世界が言語化されている以上、われわれは意味から逃れることはできない。他者の心を読もうとしたり、世界で起こるさまざまな出来事の意味をとらえようとする。文学テクストを読むことは、世界や他者を読むことであり、その意味で生きることと無縁でない。世界や他者と向き合うことは、自己を探求することでもある。かつて、国語教育の先達である芦田恵之助は「読み方は自己を読むものである」[9]と言った。しかし人はテクストの中に他者を読むものだろう。とすれば、「読むとは他者を読む」ものであり、それは、とりもなおさず、「読むとは自己を問う」ことである。

# 第二章　国語教育における言語の問題

## 1　国語科における言語観

国語力の低下が子どもたちの学力の基盤そのものを損なっていることについては、すでに何度か言及した。何が原因なのかについては諸説あるが、「言語のとらえ方」そのものに致命的な誤りがあったのではないかという根源的な吟味も必要だろうと私は思う。

「言いたいこと」がまずあって、それが「媒介」としての「言葉」に載せられる、という言語観が学校教育の場では共有されている。だが、この基盤的知見は果たして適切なのか。

構造主義言語学以後（つまり百年前から）、理論的には言語とはそのようなものではないことが知られている。

先行するのは「言葉」であり、「言いたいこと」というのは「言葉」が発せられたことの事後的効果として生じる「幻想」である。より厳密には、「言いたいことがうまく言えなかった」という身体的な不満足感を経由して、あたかもそのようなものが言語に先行して存在していたかのように仮象するのである。

とりあえず、それがアカデミックには「常識」なのだが、教育の現場ではまだまったく「常識」とはされていない。(1)（傍線は丹藤、以下同じ）

評論家内田樹がいみじくも看破するように、言語を教育するはずの国語教育の言語観は、「『言いたいこと』がまずあって、それが『媒介』としての『言葉』に載せられる」という、「アカデミックには『常識』」とはされない言語観を脱していない。それは、「『言語のとらえ方』そのものに致命的な誤り」があるにもかかわらず、「根源的な吟味」もされていない。引用の文章は、二〇〇七年の日付が付されているが、私自身は、一九九八年には国語教育における言語論的転回以前の実体的な言語把握を問題とし、以後折に触れて批判もしてきた。言語論的転回以後の言語観あるいはテクスト論をふまえて、文学的なテクストの読みについてまとめ、『他者の言葉――文学教育における批評行為の成立――』（学芸図書、二〇〇一年）、『文学教育の転回』（教育出版、二〇一四年）として上梓した。また、学会のシンポジウムや講演その他の機会を利用して発言してきたつもりである。しかし、言語を「媒介」・道具とする用具主義的な言語観は、国語教育では「常識」であり続けていると言わざるを得ない。「教育現場」はおろか国語教育研究というアカデミズムにおいてさえ、「常識」とされているのが実情である。用具主義的言語観でも別に困らない。何か問題でもあるのですか？といった反応なのである。

私が、用具主義的言語観・言語実体論を超えて、言語観の転換を果たさなければならないと考えるのは、何も「アカデミック」の「常識」が、「教育現場」の非常識となっているばかりではない。用具主義的言語観は読む・書くといった日常的に行われている国語の授業における言語活動そのものを疎外していると考えるからである。

次に、国語教育における用具主義的・実体的言語観について、学習指導要領をもとに具体的に見ていくことにしよう。

一九〇〇（明治三三）年「国語」が教科として設置されて以来、戦後の教育改革を経ても、「国語科」という名称だけは変わることがなかった。日清・日露の両大戦の狭間の国家主義の高揚した時期に生まれたことから、戦後批判もなされ、「母語教育」「日本語教育」という代案が示されたり、「ことば」科に変更したりしている学校もある。しかし、大勢としては、依然「国語」のままである。「国語」という教科名が、この国の言語教育そのものに対する意識を象徴的に表している、あるいは学校教育における言語観を端的に示している。

言うまでもなく、「国語」とは、言語の教育にほかならない。その言語は、「二〇世紀は言語の世紀」であり、「言語論的転回」がなされたと言われる。しかし、平成二九年版小学校学習指導要領に次のようにある。

B　書くこと（第5学年及び第6学年）
（1）書くことに関する、次の事項を身に付けることができるよう指導する。
ウ　目的や意図に応じて簡単に書いたり詳しく書いたりするとともに、事実と感想、意見とを区別して書いたりするなど、自分の考えが伝わるように書き表し方を工夫すること。

C　読むこと（第5学年及び第6学年）
（1）読むことの能力に関する、次の事項を身に付けることができるよう指導する。
ア　事実と感想、意見などとの関係を叙述を基に押さえ、文章全体の構成を捉えて要旨を把握すること。

また、中学校学習指導要領にも「第1学年　2　内容　C　読むこと」に「ア　文章の中心的な部分と付加的な部分、事実と意見との関係などについて叙述を基に捉え、要旨を把握すること」とある。このような見方は、国語教科書においても前提とされていることは言うまでもない。「事実と感想、意見などとを区別する」という文言は、「事実」と「意見」は区別できるという前提に立っているということであり、言葉は「事実」を反映する媒介・道具として見ているということである。

前章で、読みの教育の課題としてあげた内容主義・主人公主義・心情主義、作者中心主義も、この用具主義的言語観に由来するだろう。作者の言いたいことが作品に媒介されているという前提に立つから、作品の向こうの作者の意図を把握できれば作品は読めるというように考えられている。

## 2　言語論的転回とは何か

国語教育に根強い、言語が「事実」を伝えるための道具だとする見方は、すでにフェルディナン・ド・ソシュールが「言語名称目録観」として批判したことであり、ルートヴィヒ・ウィトゲンシュタインも言語と現実（指示対象）は一対一の対応関係にないとした。

それでは、ソシュールの言語論（記号論）とは、それまでの言語論とどう違うのか。このことを簡単に見ておくことにしたい(2)。

ソシュール以前の言語論は、「意味するもの」「意味されるもの」「指示対象」の三点セットで考えられていた。わかりやすく言ってしまえば、「意味するもの」とは「音」のことであり、「意味されるもの」とは「概念」ということ、そして「指示対象」とは実在のモノやコトのことである。ソシュールは、言葉は「意味するもの」（シニフィアン）と「意味されるもの」（シニフィエ）がコインの表裏のごとくできていると考えた。なぜなら、医学であれば人体、地質学であれば地層といったように、言語学には研究対象が実体としてあるわけではないからである。シニフィアンとシニフィエが指示対象から切れている、あるいは言葉は指示対象と一対一の関係にない。この視点が、それまでの言語論とは一線を画す見方であり、二〇世紀は言語の世紀であるとか、言語論的な転回が起こったと言われる所以なのである。オリオン座という星座がもともとあるわけではなく、西洋人がそう見ただけだろう。

タンポポは雑草で蘭が高級な花だとするのは、人間の恣意に過ぎない。日本では「花」といえば、「梅」や「桜」のことを意味し特別な意味を持つが、それは日本だけの話である。言葉によって、世界は分節化され構造化されているのである。つまり、そもそも、われわれの経験以前に世界は言語化されている。

それでは、言語が実在のモノやコトを指すのでなければ何を指すのか。他の言語である。言語は互いに違いあって意味をなしている。巨大な差異のネットワークの中にある。イヌがイヌであるのはオオカミではないからだとしか言いようがないのであって、イヌと呼ばねばならない根拠は実はないのである。それゆえ、言葉には差異しかない。現実があって言語があるのではなく、言葉が現実をあらしめるという「言語論的転回」は、文学理論のみならず今日さまざまな学問や思想に見出すことができる。

「言語論的転回」(linguistic turn)という用語は、グスタヴ・ベルクマンが初めて用い、リチャード・ローティが編集する雑誌の書名にしたことから、広く知られるようになった。哲学では基本的な方法が、デカルトやロックを嚆矢とする意識分析にかわって、言語と世界の関係を分析的手法によって解明しようとする分析哲学へとその主流を移していった。

17世紀の認識論的転回以後、近代哲学が数百年続きましたが、19世紀末頃から20世紀初めにかけて、言語論的転回が引き起こされたのです。こうして、主観・客観関係における「意識」ではなく、むしろ「言語」を分析することが、哲学の主要なテーマとなりました。
20世紀の後半において、英米では分析哲学が展開され、フランスでは構造主義やポスト構造主義が流行し、ドイツでは解釈学やコミュニケーション理論などが提唱されましたが、それらは総じて言語論的転回の一環として理解されることになります。(3)

哲学のみならず、二〇世紀後半から二一世紀にかけて、思想・学問のベースは言語であり、言語論的転回が前提だということである。
次に社会学を見ておこう。バーガーとルックマンによる『現実の社会的構成』が日本で訳されたのは一九七七年であるが、社会とは言語によって構築されたものであるという知見は、社会構築主義として広く知られている。上野千鶴子の言を引こう。

二〇世紀の思想的な発見の一つは、言語の発見であった。言語が自然的なものでなく、人為的で恣意的な差異の体系であること、言語が言語外的な指示対象を意味したり伝達する道具ではなく、意味の産出をつうじて現実を構成する当の実践そのものであること、言語が心理的・内在的なものではなく、社会的・外在的なものであること。ソシュールが提示し、のちに「言語論的転回 linguistic turn」と呼ばれる人文・社会科学上の巨大なパラダイム転換につながったこの発見は、構造主義言語学に端を発している。(4)

また、こうも述べている。

ポスト構造主義は、構造主義が「差異の体系」とみなした空虚な構造を、やがて実体視するに至ったことに強く反発し、その決定論的性格から逃れようとした。ポスト構造主義によれば、「現実」や「実体」は、言説の効果であって、原因ではない。原因と効果 cause and effect を倒錯するところに本質主義が成立する。(5)

「言語論的転回」が、「人文・社会科学上の巨大なパラダイム転換につながり」っており、「現実」や「実体」はあくまで言説の効果であるにすぎないことを説いている。「本質」なるものは、「原因と結果」が「倒錯」したものだと喝破しているのである。

次に、臨床心理学の野口裕二『物語としてのケア――ナラティブ・アプローチの世界へ――』においては以下のように説明される。

ことばが世界をつくる。たしかに、わたしたちは日々、言葉を使って何かを表現し、何かを伝達している。したがって、言葉がなければ、世界を表現したり伝達したりすることはできないという意味で、たしかに言葉が世界をつくっているといえる。(中略―丹藤)ちょっと常識をひっくりかえすような考え方だが、このことは、たとえば、わたしたちが直接見たこともない世界（たとえば死後の世界）について語りあうことができるという事実のなかによくあらわれている。このとき、世界が言葉で表現されているというよりも、言葉が世界を構成しているというべきであろう。(6)

臨床心理学においても「言葉が世界をつくる」ことが前提となっている。

中学校国語教科書においても、言語論的転回を述べた教材がある。言語実体論・用具主義的言語観が支配的な国語教育界において出色の教材となっている。池田晶子の『言葉の力』である。

「人生なんてつまらない。」といつも口にしている人が、自分の人生をつまらないものにしているのは、言葉も自分も大事にしていないからだ。

「所詮は言葉だ。現実は厳しい。」という人は、言葉が現実を創っていることを知らない。現実的に生きることができないのだから、現実が厳しいのは当然だ。

（中略―丹藤）

しかし、本当の自分とは、本当の言葉を語る自分でしかない。本当の言葉においてこそ、人は自分と一致する。言葉は道具なんかではない。言葉は、自分そのものなのだ。(7)

池田は「言葉が現実を創っている」と言明し、「現実」に対する言葉の優位を説いたうえで、「言葉は、自分そのものなのだ」として、中学生を励ましているのである。「現実」と言葉を峻別すると、「現実」の前に言葉はたいてい無力である。しかし、言葉が「現実」を創るのだとしたら、世界も自分も言葉によって変えられるのである。

## 3　言語論的転回とその展開

以上、モダン以降の「言語論的転回」に応じた学問の知見を見てきた。すると、学習指導要領が依拠するのは、言語論的転回以前の言語実体論であり、用具主義的言語観であることはもはや言うまでもない。「事実」なり「現実」なりが先にあって言語はそれを伝達する道具であるという見方である。それは、ポストモダンと言われる時代には、むしろ否定され批判されている言語観である。言語論的転回の立場からすれば、「読むこと」においても、「書くこと」においても、学習指導要領が説くように言語を「事実」と「意見」に峻別できるものではない。「事実」なるものを過不足なく再現することは不可能であり、言説として表現される以上、それは誰かの視点を経たものであって、それは「意見」であるほかはない。つまり、「事実」「現実」と呼ばれているものも、言語によって構成された、作られたものであるということである。

国語教育は、「事実」が素朴に反映されているという素朴反映論、言葉は意味伝達の道具だとする用具主義的言語観・言語実体論の域を出ていないことを述べた。言語以前に「事実」があるという前提は、典型的な「近代」のモデルである。近代のモデルに依拠しながら、一方で、「知識基盤社会」だの「メタ認知」だのとポスト・モダンの概念をも取り込もうとするから、「実体論」と「非実体論」という相容れない言語観が並立するダブルスタンダードとなる。ダブルスタンダードはダブルバインドになることは見やすい道理だろう。モダンとポスト・モダンに引き裂かれているという自覚のないままに、「思考力」とか「活用」とか言っても混迷を深めるばかりであり、結局はうまくいかなくなることは想像に難くない。国語教育における言説の中には、「テクスト」「構造」「記号」といった用語を用いながら、実際は用具主義的言語観・言語実体論の域を出ていないことがしばしば見られる。それだけ、「現実」があって言語は道具とする見方、言語の背後に現実があるというとらえ方の方がわかりやすく、言語論的転回に「転回」するのは容易なことではない。しかし、言語論的転回以前と以後とでは言語の見方は決定的に異なるのであって、実体論的に「テクスト」と言っても、それは言語そのものを見誤ってしまうだけだろう。

言語に対する認識論的転回が求められているのである。しかも、それは、研究上の問題というばかりではない。言語である以上、それは子どもの言語生活あるいは認識や思考と不可分だからである。国語科における言語の問題を検討しなければならない理由は、先に述べた教材研究から授業実践にいたるまで、言語の教育そのものを疎外する結果となっていることのほかに、インターネット・スマートフォンといった高度情報化社会に対応したものとはなっていないことである。子どもたちは、社会に出たら、いや在学中から、非実体論的言語生活を免れない。インターネットやスマートフォン上に浮かぶ動画は、まったく非実体である。ゲームは現実的な指示対象をもたず登場する人物も実在しないことは言うまでもない。

「情報化／消費化社会[8]」と言われる今日、百年も前の言語観・読み方でいいものだろうか。それで子どもの言葉の力が身につくと言えるだろうか。学校の国語の授業は、子どもにとって、自らの言語生活とは乖離した、リアリティーのないものとなっているのではないか。「作者は何を言いたいのか」といった問いは、教室や試験においてのみ通用するのであって、学校を一歩外に出たら取り沙汰されることはほとんどないと言ってよい。それより、言説やテクストにはらまれる欲望やイデオロギー、あるいは無意識が問題なのではないか。子どもたちに生きてはたらく言葉の力を身につけさせたいなら、国語教育の枠内での思考や実践そのものを相対化し再検討しなければならない。指導の改善とか指導上の工夫といったレベルのことでなく、言語観の転換というパラダイムのシフトを目指すという「根源的な吟味」が、いままさに求められているのである。言語論的転回の立場に立つことで、国語教育における言語活動は、「転回」を余儀なくされることは疑いを容れない。しかし、「転回」は「展開」になるはずである。

世界は言語化されている。言語によって分節化・構造化されている。このことは、世界は、物語化されていることと別のことではない。物語とは何か。次にこのことを探求してみたい。

# 第三章　物語の理論／語りの方法

## 1　なぜ物語なのか

前章で、世界は言語化されていることを述べた。そして、言語は物語化される。ゆえに、世界は物語化される。

物語構造分析を考える場合に基礎となる思想の最たるものは、この「言語論的転回」に関するものである。物語構造分析が意味を持つのは、私たちが認識する「事実」の多くが、物語によって提供されていることによる。この世界の価値を底で支えているのは物質でも事物でもなく、「事実」であり、事実を構成しているのは言葉であり、また事実は、物語を媒介として私たちの内部に侵入する。つまり、この世界の価値を底で支え、また、規定しているのは「物語」であるということができる。(1)（傍線は丹藤、以下同じ）

高田明典は、言語論的転回によるなら世界は言葉で構成されているのであり、言葉は「事実」を構成し、「事実」は「物語」によって「媒介」されるとしている。物語論は言語論的転回を前提とするということでもある。

「物語」とは、この場合、『源氏物語』とか『平家物語』といった文芸のことばかりではない。われわれのものの見方は、物語的図式に依存しており、無意識のうちに物語的に理解してもいるということである。物語は、文字が用いられる以前から語り継がれてきたとされている。文字にするにせよしないにせよ、物語をもたない民族はなく、現代においてなお、文芸はいうに及ばず、映画・テレビドラマ・コマーシャルや広告にいたるまで、物語はわれわれの生活の随所に認めることができる。一見物語と無縁なテレビのドキュメント番組やスポーツ中継も物語のように仕立てられている。震災や洪水によって、家や家族を失った人の苛酷な現実が描かれるが、最後は生きて行こうとする希望でしめくくられる。オリンピック中継も、苦しい練習の果てに、メダル獲得という栄冠に輝いた種目は放映されるが、予選落ちした選手が大々的に取り上げられることはない。物語にならないからである。競技を物語的な図式に合致させることで、国民の熱狂と視聴率のアップを狙っているのであろう。ロラン・バルトが言うように、「物語は、人生と同じように、民族を越え、歴史を越え、文化を越えて存在する[2]」のであり、いまなお、われわれは物語と不可分である。

二〇世紀はじめから、世界中が物語の研究に着手し専心してきたのは、物語がわれわれの認識や思考、ひいては社会や文化と不可分であり、個々の物語作品ではなくて物語全般の形態や構造を明らかにすることで人間や社会の新たな一面を知ることができるという確信があるからであろう。それゆえ、物語研究は、哲学・歴史学・社会学・教育学・臨床心理学・医学など、複数の学問・領域に及び活況を呈している。

「物語学」（ナラトロジー）は、もともと構造主義や記号論といった思潮の影響を受けた文芸批評の分野で展開された「物語テキストに関する理論」であったが、今では、物語を重要な視点ないしメタファーとする学問の立場（ナラティヴ・アプローチ）を総称していると考えてよかろう。現代の「物語学」は、もはや文学や文芸批評の分野にとどまらず、あらゆる人文および社会系の学問分野で、とりわけ「臨床的」な志向をもつ学問分野で展開され、それにともなって、「物語」の概念も、特定の時代の文学作品とその様式からより一般的な「筋」によってまとめられる言説へ、さらには「物語りつつある」という人間のあり方を言い当てるものへと拡大していった。こうして、人間と物語との関わりの多様な局面が明らかになるとともに、その視点を取り入れたことで、既成の学問研究のあり方が根本から問い直されるようになったのである。(3)

物語は文学研究からはじまり、さまざまな学問分野の研究対象になっていっただけでなく、「既成の学問研究のあり方が根本から問い直」されることになったと、その影響力の大きさが指摘されている。

哲学では、言語論的転回によりそれまでの意識の分析から言語の分析へとシフトしていった。分析哲学といわれるものである。野家啓一などが、「物語の哲学」を推進している。[4]歴史学では、一九七〇年代にアーサー・ダントーが歴史的文献における言語分析の道を拓き、ヘイドン・ホワイトは歴史記述に対する修辞要素の不可欠なことを説いた。[5]社会学では、ピーター・バーガーとトーマス・ルックマンを嚆矢として社会は言語によって構成されるとする社会構築主義が広まった。[6]臨床心理学では、患者の物語を自由に語らせ、新たな物語を創らせる「ナラティブ・セラピー」が治療法として確立している。医学でも、近代医学のメルクマールたる「エビデンス」だけでなく「ナラティブ」の必要性が言われている。[7]そして、教育学においても、教育学が「いじめ」「自殺」「不登校」といった今日的な課題に対応していないのではないかという自覚から、物語としての教育や学校を相対化し、とらえ直そうとしている。[8]「発達」をはじめとした学校的言説は、物語にすぎないのではないかといったラディカルな問いである。いわば、ナラティヴ・メソッドにより、「根本から問い直」されているのである。

教科教育（学）は、「根本的な問い直」しをしているだろうか。学校教育という制度的な営みは、入学という〈はじめ〉があり、六年ないし三年の〈中〉があって、卒業という〈おわり〉を迎える。「はじめ―中―おわり」という構成は、物語の基本である。授業の指導案においても、「導入―展開―まとめ」といった物語的図式に依存してはいないだろうか。そして、国語という教科は、物語そのものを授業で扱っている。物語を授業で扱うなら、物語とは何かを知らなければならない。そして、物語の意味なり有効性を授業で具体化するものでなければならないだろう。個々の教材を教えるわけだけれども、そもそも物語を読むとはどのような行為なのか、物語の意味なり構造なりをふまえたメタ物語の視点に立つことが必要になってくる。〈ナラディヴ・リテラシー〉とする所以である

　それでは、物語論で言うところの物語とは、そもそも何か。そのことを次節で見ることにしよう。

## 2　物語とは何か

「物語」は、英語で「ナラティヴ（narrative）」であるが、「物語」のほかに「語り」という意味も併せ持つ。このことは、「物語」とは語られたものであるという事情を示すが、『日本国語大辞典』（小学館、二〇〇一年）によれば、次のように定義される。

①種々の話題について話すこと。語り合うこと。四方山の話をすること。また、その話。
②特に男女が相かたらうこと。男女が契りをかわしたことを婉曲にいう。
③幼児が片言やわけのわからないことを言うこと。
④特定の事柄について、その一部始終を話すこと。また、その話。特に口承的な伝承、また、それを語ることをいうことがある。

⑤日本の文学形態の一つ。作者の見聞または想像をもととし、人物・事件について人に語る形で、叙述した散文の文学作品。

〈⑥・⑦略〉

⑧近代文学で、ノベル（小説）に対し、一貫した筋を持つストーリーという概念にあてた語。また、…について述べたもの、の意で、題名に添えられることが多い。

①～④は、口頭で「語る」すなわち「談話」といった意味なのに対して、⑤・⑧は文字により書かれたテクストと言うことができる。したがって、「物語」＝語りの定義も、オーラルな語りを指すこともあれば、文字テクストを意味することもあるし、場合によっては両方が含まれることもある。

以上の前提をふまえたうえで、「物語」の基本的な定義を列挙してみよう。

語り手が語りの相手に対して語るさまざまな出来事。

（川口喬一・岡本靖正編『最新　文学批評用語辞典』、研究社出版、一九九八年、二七三頁）

物語とは、一・二名あるいは数人の（多少なりとも顕在的な）語り手（narrator）によって、一・二名あるいは数人の（多少なりとも顕在的な）聞き手（narratee）に伝えられる一ないしそれ以上の現実の、あるいは、虚構の事象（event）の報告（所産と過程、物象と行為、構造と構造化としての）をいう。

（ジェラルド・プリンス『物語論辞典』、遠藤健一訳、松柏社、一九九一年、一一七頁）

すなわち物語とは、記述されるそれぞれの行動のために、動作主、動作主の意図、状態ないしは可能世界、変化ならびにその原因、変化を決定する意志を要求する、行動の記述である。

（ウンベルト・エーコ『物語における読者』、篠原資明訳、青土社、一九九三年、一六八頁）

物語とは、主題によって結びつけられ、時間によってつながっている一連の出来事をシンボルとして提示することである。

（ロバート・スコールズ「言語、物語、反―物語」W・J・T・ミッチェル編『物語について』、海老根宏他訳、平凡社、一九八七年、三二四頁）

「物語る」という語で言われるのは、ある人が誰かに何か特別なことを伝達する口頭の、あるいは文書の言説であり、「打ち明ける」という別の意味の語義やいくつかの比喩的、俗語的用法を度外視すれば、言説は、「事件」あるいは「出来事」と基底できる時間に先行している過程を再現するとき、明らかに「物語」と呼ばれることになる。

（マティアス・マルティネス／ミヒャエル・シェッフェル『物語の森へ―物語理論入門』、末永豊他訳、

法政大学出版局、二〇〇六年、二頁)

経験を伝承し共同化する言語装置をわれわれは「物語」と呼ぶことができる。

(野家啓一『物語の哲学』、岩波書店、一九九六年、七八頁)

物語とは何かと尋ねられたら、

人間的な言語行動のうちで他者をかかえこんで成立する在り方を示す叙述のすべて

と答えることにしよう。

(藤井貞和『物語理論講義』、東京大学出版会、二〇〇四年、i頁)

はじめとおわりをもつ一まとまりの言述を物語という。

(兵藤裕己『物語・オーラリティ・共同体』、ひつじ書房、二〇〇二年、三三一頁)

「物語」とは「出来事の推移の記述」である。

(土方洋一『物語のレッスン』、青簡舎、二〇一〇年、一五頁)

物語るとは、すでに生じたある出来事を結末におき、それが生じるにあたって意味をもったと思われる出来事を、それ以前の無数の出来事のなかから選びだし、時間軸のうえに配列して、ひとつのストーリーを形成する行為のことである。

（鹿島徹『可能性としての歴史』、岩波書店、二〇〇六年、一五一頁）

「物語る」とは、もっとも一般的には、ある出来事を、その始まりから終わりに至る時間の流れに沿って筋立てつつ意味づけていく行為のことである。

（鳶野克己「物語ることの内と外」矢野智司・鳶野克己編『物語の臨界』、世織書房、二〇〇三年、三頁）

以上のことから、物語の基本的な定義としては、次のようにまとめることができる。

①物語とは、人物が行動する出来事が語られる。

「事実」「事件」であれば、二つ以上でなければならない。(9) 本論では以下、「出来事」とする。「出来事」は「はじめ―中―おわり」という構成になる。

②物語とは誰かがある視点から語ったものである。

「語り手」は、実体的な、テクスト外の「作者」とは異なり、あくまで虚構上の機能である。

③出来事があるということは物語には時間がある。

④物語は「他者」と共有されることが前提となる。

物語の定義をもってして物語とは何かが明らかになったわけではない。それでは、なぜわれわれは物語を必要とするのか、物語の意味をふまえてこそ物語とは何かを知ることができる。
野口裕二は、現実の理解自体が物語的なのだとしている。

つまり、わたしたちは、ある事件をひとつの「物語」として理解できたとき、その事件を理解したと感じる。「物語」という形式は、現実にひとつのまとまりを与え、了解可能なものにしてくれる。「物語」は現実を組織化し、混沌とした世界に意味の一貫性を与えてくれるのである。逆に言えば、現実がよく理解できないときというのは、適切な物語が見つからない状態だということができる。物語は現実を組織化する作用をもっている(10)。

われわれは、「現実」を「現実」として理解しているのでは実はない。物語として理解した時、はじめて理解したと言える。ニュースで報道される殺人事件にしても、人が殺されたという事実だけを知ったとしても、それは理解したとは言えない。誰が、何の目的で、どのようにして殺したのかといった筋立てられた出来事として理解した時に、はじめて理解したということになる。つまり、物語的理解とは、物語的意味の発見である。

結局、「物語」とは何だろう？　人類学者は「物語」そして「物語るという行為」は人間という存在の核だという。例外なく人類のすべての文化で同じように機能する「物語」という行為は

「話者」と「聞き手」という共生関係によって成立する。それこそが、誰もが乳児期から獲得を始める「対話」という基本動作だ。脳は、顔や形や花といった自然界のあらゆる事象に視覚的なパターンを見出す。音声に関しても同じだ。同様に、「情報」に関してもパターンを見つけ出す。「物語」とは認識可能なパターンであり、そのパターンの中に私たちは「意味」を見出す。物語によって世界を理解し、理解したことを物語によって共有する。それは雑音に満ちた現実という世界の中に聞こえるメッセージなのだ[11]。

「『物語るという行為』」が「人間という存在の核」であるのは、乳幼児の頃から、われわれは物語という認識のパターンによって理解し、そこに意味を見出そうとするからである。われわれは、意味なしには生きられない。木の葉が赤く色づいたのを見ても、そこに「秋の到来」という意味を認めようとする。意味は物語の図式《パターン》に負うている。

物語ることで、私たちは自分の人生に意味を与え、身のまわりで起こったことを「有意味」な出来事として経験することができる。私たちの人生や出来事についての理解は、つねに何かの「筋立て」を介した理解、つまり「物語的理解」である[12]。

われわれが、物語的な理解を通して世界に意味を見出そうとするのは、「自分の人生に意味を与え」るためである。したがって、先の物語の定義に次のことを付け加えることができる。
⑤物語るとは、人生や世界を意味づけていく行為である。
⑥物語は世界を理解し制作するための方法である。

小学校国語教科書で物語教材が掲載されるのは、文字や語彙の獲得や読み書き能力（リテラシー）を学ぶことであると同時に、物語的な図式を習得し物語的理解の能力を身につけさせることでもあったのだ。物語の読みを通して、世界や他者を理解する。そのことで自我を形成していくのである。したがって、場面の様子や登場人物の心情をとらえさせるだけでなく、物語を物語としてトータルに読み、物語能力（ナラティヴ・コンピテンス：narrative competence）を養うことが肝要となる。

## 3　物語の理論

教育には発達段階を考慮する必要があるから、一概には言えないが、小学校低学年では物語世界に浸らせることが優先されよう。高学年や中学生になり、自我が芽生えてくるようになったら、物語と向き合い、物語という虚構世界に生きるだけでなく、深く読むことが求められる。「第Ⅰ部第一章教室における『読むこと』の課題」で述べたように、主人公主義・内容主義・心情主義、作者中心主義、道徳主義では、表面をなぞるだけであって、読みは深まっていかない。読みを深めるのでなければ、子どもの認識を掘り起こすことはできない。

それでは、どのようにすれば、読み深められるのか。端的に言って、テクストの方法を読むのである。方法を読むとは、すなわち分析的に読むことにほかならない。

　では、どのように分析するか。

　ここで、物語分析における研究について瞥見しておこう。物語研究に関しては啓蒙書・入門書も出されており、[13] 次節でも触れることから、研究方法に限定して述べることにしたい。

　先に、二〇世紀は、物語研究が世界的に活況を呈したことを述べた。それは、物語研究の方法の追究であり物語行為（＝語り）の発見であった。物語分析の嚆矢は、ロシアのウラジミール・プロップ『昔話の形態学』（一九二八年）とされるが、それに先立つロシア・フォルマリズムの存在を無視するわけにはいかない。一九一七年のロシア革命の機運に乗じて、ロシアでは前衛的な芸術運動（ロシア・アバンギャルド）が開花した。それは、絵画・ポスター・建築・映画とさまざまなジャンルに及び、文学でもロシア・フォルマリズム運動が展開された。ロシア・フォルマリズムの有力なメンバーであったヴィクトル・シクロフスキーの異化論は日本の詩教育にも影響を与えているし、ロマーン・ヤーコブソンは詩的言語の特性を明らかにした。ロシア・フォルマリズムの「フォルム」とは英語で「form《フォーム》」のことであり、彼らは文学の「形式」を研究の対象としたのである。文学の科学を樹立しようとし、そのことで文学の文学らしさ、文学性を明らかにしようとしたのであった。彼らは、すでに物語を「内容《ファーブラ》」と「形式《シュジェート》」に分け、「内容」に対する「形式」の優位を主張していた。文学の「形式」「技法」の分析を主要なテーマとしたのである。ロシア・フォルマリズム自体は、スターリニズムの確立と社会的リアリズムによってブルジョア思想として弾圧されて終息を余儀なくされたが、チェコ構造美学へと展開したり、プロップのような研究を生んだのである。

　プロップは、ロシアの魔法物語を対象として形式的な分析を試みた。プロップは、物語は登場人物が行動を起こすことによって筋が展開され、物語の筋に影響をもつ行為・行動のことを「機能」と呼んだ。例えば、『夕鶴』で「与ひょう」が、見てはいけないと「つう」に言われた部屋を覗いてしまうのは、「禁が破られる」という「機能」とする。複数ある物語も機能としては同じであったりするわけである。したがって、登場人物の心情といったことよりも、人物が、どのような機能（行動・役割）を果たしているかを見ることが重要となる。この点、国語教育における物語の読みは心情主義に偏りがちであることは見直されなければならないだろう。

　さて、プロップの『昔話の形態学』は、レヴィ・ストロースによって批判的に紹介された。これが、ソシュールの言語論・記号論の発見とも相俟って、ヨーロッパでの物語研究の開花につながる。アルジルダス・ジュリアン・グレマス、クロード・ブレモン、ツベタン・トドロフらを輩出することになるが、なかでもロラン・バルトの『物語の構造分析』（花輪光訳、みすず書房、一九七九年）は日本でも広く取り上げられた。バルトは、テクスト論者として、あるいはエクリチュール（書くこと、書記行為）の提唱者として知られるが、物語の分析においては、「機能」と「指標」に大きく分けた点に特徴がある。「機能」は人物も含めた物語の展開に必要な行為のことであり、「指標」は直接的な影響はないにしても物語に意味を添えるものである。バルトの言葉を借りれば、「物語においては、あらゆるものが、さまざまな程度に意味するのだ。これは（語り手《ナラトゥール》の）技術の問題ではなく、構造の問題である」[14]とされる。例えば、「第Ⅱ部第二章『ごんぎつね』——語り分析による読みの深まり——」でも触れることになるが、「ひがん花」「麦」といった「指標」は、物語の展開や意味に直接的には関与しないものの、「ひがん花」→「ごん」の死を暗示する、「麦」→「兵十」は貧しいこと→「ごん」のくれる「栗」や「まつたけ」はありがたい、といった意味を添える働きがある。「機能」だけでなく、「指標」の意味的役割にも着目する必要がある。

「機能」と「指標」の区分け、あるいは全体と部分の相関的な関係は、ナラティヴ・リテラシーにとっても欠かせない視点である。

バルトもまた、物語の形式＝構造分析を展開させていったが、物語行為への注目という点も彼の功績と言っていいだろう。「物語」という「コミュニケーション」行為において、「物語の送り手とは誰か？」という問いを出し、真っ先に「作者」を否定している。

ある物語の（生身の）作者は、その物語の語り手とはいかなる点でも混同しえない。[15]

「作者」については、「第Ⅰ部第一章　教室における『読むこと』の課題」および「第五章　教室で読むための語り分析の方法」でも述べたので多言を要しないが、テクストに外在的な「作者」とテクスト内の語り手とは区別すべきであることを強調しておきたい。それは、文学テクストの条件である。

読みに実体的な作者を持ち込むことは、テクストそのものの生産性に目をつむり、読みそのものを疎外する結果となることをあらためて述べておきたい。

バルトは、物語のレベルを「物語内容《イストワール》」「物語言説《ディスクール》」「物語行為《ナンラシオン》」と分けた。内容＝「物語内容」と形式＝「物語言説」との区分けから、語る行為＝物語行為への着目は、物語研究をさらに進めるものであった。

バルトの後継者とされるジェラール・ジュネットは、「物語内容《イストワール》」「物語言説《ディスクール》」「物語行為《ナンラシオン》」それぞれの関係の研究を進めることとなる。なかでも、物語研究における「物語行為」＝語りの重要性を強調した。

## 4　語りの方法

次に、国語教科書においても最近取り上げられている語り（語り手）について述べる。

### 語りとは何か

語り手とは、実体的な作者とは異なる、テクスト内で物語をすすめていく仮の主体のことである。語り手はテクスト外に実体的に存在するのでなく、あくまで機能であり虚構化されたものである。

### 語り手の位置

語り手は、直接お話を語ることもあれば、誰かの視点から語ることもある。視点人物と言われるものである。ジュネットは、これを第二の語り手と呼ぶが、区別した方がよい。例えば、『オツベルと象』（宮澤賢治）で、「……ある牛飼いが物語る。」とあるからと言って、「牛飼い」が語り手なのではない。語り手は「牛飼い」の背後から語っているのである。なぜなら、このテクストは、構成上「第一日曜日」「第二日曜日」「第五日曜日」から成るが、「西の月の三日」「西の月の四日」と叙述されており、太陽暦と太陰暦が併存している。二つの異なる時間が、同じテクストにあるわけである。テクストに二つの時間を織り交ぜることは、「牛飼い」にはとてもできないことであり、「牛飼い」とは別の語り手を想定せざるを得ないのである。

## 語り・人称・焦点化

「物語内容を語らせるにあたって、『作中人物』の一人を選ぶか、それともその物語内容には登場しない語り手を選ぶか、という選択である」[16]とジュネットも示唆するように、語り手は、登場人物の〈中〉から語ることもあれば〈外〉から語ることもある。前者は一人称、後者は三人称と呼ばれている。一人称は、「私」「ぼく」として語られる。『故郷』は「厳しい寒さの中を、二千里の果てから、別れて二十年にもなる故郷へ、私は帰った」[17]とはじまるから、一人称視点である。一人称の視点は、語っている「私」と語られている「私」の二重の構造となる。もともと語るとは、語る行為と語られる対象に二重化されることであるが、一人称の場合特に注意しなければならない。登場人物の外から語る三人称は、二つのタイプに分けられる。神様のような視点で語る全知視点と登場人物に寄り添いながら語る限定視点である。テクスト内で、視点が移動することもある。「これは、わたしが小さい時に、村の茂平というおじいさんから聞いたお話です[18]」とあることから、登場人物の外から語る三人称であり、登場人物を俯瞰する全知の視点である。しかし、やがて物語が進むにつれて、「ごん」に寄り添った限定視点となる。読者は、「ごん」の気持はわかるけれど、「兵十」の気持はわからない仕掛けとなるのである。しかし、最後の場面では、「その時、兵十は、ふと顔を上げました。と、きつねがうちの中に入ったではありませんか」となり、視点が「兵十」に変わるのである。この視点による見え方（パースペクティヴ）は、物語の読みにおいて注意を要する。

同じテクストでも、視点が三人称から一人称に転じることもある。『走れメロス』では、「メロスは激怒した[19]」とはじまることから三人称視点であるが、「メロス」が走り疲れて不貞腐れる場面では「私は、これほど努力したのだ」と語り手は登場人物「メロス」の内面に入り込み「私は」と語ってしまう。いつのまにか人称が変わっているのである。『走れメロス』で言うなら、語りのテンポ・速さも特徴的である。妹に結婚式をあげさせる場面では、ゆっくりと時間が流れているが、王城に向かって走る場面は、語り方は速くなっている。時間と空間もまた分析の対象である。

「視点」は、ニュークリティシズム以来の用語であり、語り手がどこから語っているかを知る手がかりとしてわかりやすいが、ジュネットはこれを批判している。視点は見る側のことしか問題としないが、実際、それでは処理できないこともある。先に『ごんぎつね』で、視点が「ごん」から「兵十」に変わることを述べた。しかし、その後、「兵十はかけよってきました」とある。いったん、「兵十」に視点が変わった以上、「ごん」の視点にまた戻るのはおかしい、書き損じたと言われたことがあった。しかし、これは視点論は見る者がすなわち語る者だという前提に立つから、「書き損じ」ととらえられることになるが、見る者と語る者は別だと考えればなんら矛盾や齟齬ではなく、むしろ文学的テクストにはよくあることだと言える。また、視点論は見る側のことが中心化されるが、語り論は見られる側のことも視野に含めるという点も重要である。

## 語り手の介入

語り手が語ることに自覚的・意識的なテクストもある。『高瀬舟』（森鷗外・中三教材）は、物語内容としては、江戸時代の京の町が舞台であるにもかかわらず、「オオトリテエ」というフランス語が記されている。江戸時代の登場人物「羽田庄兵衛」には知り得ない語彙をなぜ用いたのか、どうしてそのような語りをしたのか、語り方自体が読みの対象となる。『羅生門』（芥川龍之介・高一教材）では、これも「羅生門」「市女笠や揉烏帽子」とあることからも日本の古代の設定であるにもかかわらず、「Sentimentalisme」なるフランス語が用いられている。

語り手の出来事や人物への介入の仕方も、語りをとらえる点で有効となる。同じ宮沢賢治でも、小学校・高校で採用される『注文の多い料理店』では、語り手はカメラで写すように客観的な姿勢を崩さないが、高校一年『なめとこ山の熊』になると「ぼくはしばらくの間でもあんな立派な小十郎が、二度とつらも見たくないような嫌なやつにうまくやられることを書いたのが実にしゃくにさわってたまらない」と、「ぼく」としてテクスト内に登場し感情的なまでに物語に介入している。

要は、語り方を読む、語り手が出来事や人物といった対象をどのように語っているかを可視化することである。カメラのように距離を維持して語ることもあれば、出来事や人物に介入することもある。国語教育では、そこに書いてあるというように実体化しがちであるが、そう語られているからといって、それがただちにそのテクストの真実なのではない。あくまで語り手がある立場からそう語っているにすぎないということである。それは、バルトの言い方に倣って言えば、語り手の意思や技量の問題ではなく、物語化・テクスト化にはらまれる必然なのである。

## 語りは騙《かた》る

物語とは、過去形で語られる。「物語の出で来はじめのおや[20]」とされる『竹取物語』からして、「いまは昔、竹取の翁といふもの有けり[21]」とあり、「けり」という過去の助動詞が用いられていた。過去のことを語るということは、語ることと語られる出来事とは時間的な隔たりがあるということである。また、語り手は、ある立場から語り手なりに語るのであって、公平中立的な立場から語るとか、正確あるいは忠実に語るなどのことは原理的に無理であると言っていい。野家啓一が「言葉は事実を過不足なく正確に描写する写実の手段ではない。それは常に対象を〈過少〉にあるいは〈過剰〉に「語って〈騙って?〉しまう気まぐれな変形装置なのである[22]」と言うように、語られる対象は変形を免れないのであり、語るとは語り手の世界に対する意味づけの結果にすぎない。それが正しいとか、どこまでリアリティーが担保されているかは別の問題なのである。読むとは、語り手の意味づけを読者が意味づけていく行為であり、いわば解釈の解釈なのである。

## 「私」を語る「私」

登場人物の外から人物の内面を語ることは、実人生においてはあり得ない文学に特有なことだと言える。人は他人の気持を容易に知り得ない。ただ、想像するばかりである。神のように全知・全能な語りを拒否したジャン＝ポール・サルトルや大江健三郎のような作家もいる。一人称では、相手の気持はわからないという前提に立つ。先にもあげた『故郷』の、「私」が幼馴染の「閏土」と再開する場面で、「閏土」が「私」のことを「旦那様！……。」と言う。それに対して「私」は「悲しむべき厚い壁が、二人の間を隔ててしまった」と思うばかりで、何の言葉も返すこともしなかった。このことを中学生は、疑問視し憤慨すると報告されている。幼馴染だったら、声をかけてあげるべきだ云々。そして、「私」は何の行動も起こさない傍観者だとか自己認識に欠ける人間だとか評されている。しかし、これも、書いてあることを実体化し、主人公や内容にのみ拘泥した読みだと言わざるを得ない。(23)語りの方略に目を向けるべきなのである。この小説は、一人称である。「私」の視点から「閏土」を見ている。ということは、「閏土」の内面はわからないということである。「閏土」がなぜ「旦那様！」という言葉を発したか。それは、引っ越しをする「私」の家から少しでも金になるものを持ち出すためである。後に灰の中にわんや皿を隠しておいたのは「閏土」だという結論が導かれることからも明らかであろう。すっかり零落した「閏土」に幼いころの思い出など何もならない。時代はそこまで彼を追い込んでいた。故郷にノスタルジーを覚え、「小英雄」の面影を探していたのは「私」であって、「閏土」にとっては今の疲弊した生活しかないのである。そんな彼に言葉をかけたところで、どうなるものでもない。語り手は三人称の視点に立ち、「閏土」の内面を語ることもできたはずである。しかし、そうではなく、一人称という語り方を選択したのは、かつて「小英雄」であった「閏土」の内面を語るに忍びなかったのではないか。語る「私」とテクスト内に登場する「私」の二重性をとらえる必要がある。

## 5　分析と行為

文学教材を読み深めていこうとするなら、素朴な印象主義・表面的な内容主義にとどまらず、テクストの方法を読むことが求められる。テクストの方法を分析的に読むために、方法を読む方法を教えていかなければならない。これまで、読みにおける分析を強調してきたし、その一例を具体的に述べてきた。

しかし、矛盾した言い方に聞こえるかもしれないが、テクストは分析しきれるものではない。分析的に読むことはできても、分析それ自体は不可能である。これも、言語論的転回を前提としてのことになる。文学的なテクストは、動物や草花のように実在的にそこに実在するわけではない。確かに、紙の塊りとしての本や教科書は実在するが、文学を読むことが美的な体験であるのは、文字それ自体が美しいのではなく、脳内に生成される表象（イメージ）が審美的なのである。読むという行為は、読者の脳内現象であるほかはない。脳内現象を蛙のように解剖することはできないという意味で、客観的な分析は不可能なのである。つまり、分析的に読むことは必要不可欠であるにしても、完全に分析することは不可能と言わねばならない。ロラン・バルトは、このことを「還元不可能な複数性」と言った。テクストや文字それ自体に美があるのではない。読みは読者の脳内に現象する。それゆえ、テクストに戻ることはできないという意味で「還元不可能」なのである。そして、読者によって異なった現象・表象がありうるし、読者によっても表象は異なると考えられるから、「複数性」を持つのである。このことから、読みは、一義、つまり唯一絶対ではないと結論づけることができる。国語教育では「主題」として一義を前提としがちだが、主題という客観的な読みがテクストに内在しているわけではない。同じ小説でも、年齢により読みに変化があるのは、読むという行為自体が一過性の脳内現象でしかないからである。したがって、読みは多義である。しかも、テクストの意味を理解していくだけでなく、読者は、文化的背景・経験・感性・個人的嗜好などさまざまな要因を動員して理解しようとするから原理的に多様なのである。

　原理的に読みは多様であるからと言って、十人十色となるとは限らない。先の『ごんぎつね』で言うと、「その時、兵十は、ふと顔を上げました。と、きつねがうちの中へ入ったではありませんか」とあるが、これは誰が読んでも視点が「兵十」に変わったのであり、テクストに構造化されている。ただ、気が付くか付かないかの問題なのである。テクストに構造化された方法に注目して読むものでなければならない。そうすることで、多様な読みはある方向性を持つと言えるだろう。

　読みとは、個人の脳内現象であるからと言って、どう読んでもいいとか、多様なままでいいということではない。なぜなら、文学的なテクストも、分析の対象のためにあるのではなくて、何らかの行為を促す、何事かをなそうとするものだからである。文学は読者にある効果なり作用なりをもたらそうとする。もし、そうだとしたら、どう読んでもいいということにはならないだろう。テクストの行為性に目を向けるべきであり、行為性を可視化するために分析が必要なのであって、その逆ではない。

また、読みは多様であり、どう読んでもいいという立場は、読者にとって不幸な見方である。どう読んでもいいなら、読者は何も学ばないからである。また、どう読んでもいいということは自己の範囲を出るものではなく、その意味で自己化するだけの読みである。そこには他者との出会いがないと言っていいだろう。教育的な観点からすれば、子どもの読みそれ自体が大事である。その子なりの感性なり生活経験なりから導き出された読みは、その子にとってかけがえのない読みである。しかし、大事であればあるほど、子どもの読みは変容されることが必要なのではないか。読みとは、異質な他者との出会いであるからであり、他者との出会いが自己発見という体験をもたらすからである。他者と出会うことがなくても、読書は楽しければそれでいいではないかと反論されそうだが、楽しさそれ自体を否定はしないまでも、それは消費活動であっても体験とか行為とかは言えないだろう。

ここで一つのエピソードを紹介しよう。ある大学院の演習でのことである。一人の女子大生が、映画『タイタニック』（ジェームズ・キャメロン監督、パラマウント映画配給、一九九七年）で発表してもいいかと訊いてきた。表象文化学科でもあるし、「いいよ」と答えた。彼女は、働きながら大学院に通っており、年齢も四十に近い、とても熱心で真面目な大学院生であった。私は、十数年ぶりくらいに映画『タイタニック』を観る必要に迫られた。彼女は、発表において、いかに『タイタニック』という映画はすばらしいかを得々と語った。観客動員数は歴代トップであること（『アバター』に抜かれる前は、観客動員数第一位で、ギネスブックにも登録されていた）、リピーターが多く、自分も劇場で数回、DVDでは一〇回以上鑑賞したことを述懐していた。なかでも、観客の大多数は女性であることを強調していた。発表が終わって質問してみた。なぜそんなに『タイタニック』に惹かれると自分では思っているのかと。彼女は、意表を突かれたように何も答えなかった。私に言わせれば、それは観たいものを観たいように観ているからである。ヒロインに自己を仮託して観ている、自己化していると言ってもいい。セレブの家に生まれ、親の言う結婚に納得がいかないまま、ヒロインであるブケイターはタイタニックに乗り込む。そこで、レオナルド・デカプリオ演じる、イケメンの青年ジャック・ドーソンと知り合い恋に落ちる。タイタニックが沈みそうになると、ドーソンが助けに来てくれるものの、ドーソンは深い海に沈んでいく。そのことをブケイターは老齢になって哀しくも懐かしく思い出すというストーリーである。女性にとってこんないい映画がほかにあるだろうか。映画のスクリーンの中に自分を見ている。見ているのは映画ではなくて、こうありたいという自分の理想形なのである。

自分のお金で観たいものを観たいように観て何が悪いか？　別に悪いとは言っていない。しかし、現代は「情報化／消費化社会」と言われる。消費者の観たいものを観たいように制作している。消費者の既有の価値観に依存し合致した商品を供給しているのである。また、子どものケータイは「同調圧力」が強く、同じグループ・同じ価値観から逃れられないでいる。[24]〈他者〉は排除され遠ざけられる傾向にある。しかし、古来から言われるように、自己認識は他者認識であるほかはない。他者は排斥するのではなく学ぶ対象なのである。したがって、せめて学校では、読みの教育では、他者を求めたいと思う。ここで言う他者とは、別の物語を生きる者のことである。物語を共有しない者のことと言ってもよい。物語の定義④（49ページ）で示したように、物語とは時間的・空間的な他者との共生の場なのである。別の世界へ行き、他者に出会い、異質なものの見方に立ち会うことが文学と言われるものではないか。自分であって自分ではない、中間的な位相をとるのが文学であり、今いる世界から離れ、現在の自分から離脱するために文学という装置がある。それは、映画のみならずアニメにしてもゲームにしても、そうだと言えるかもしれない。文学だけの専売特許とは言えないだろう。しかし、文学は自分を追認するのではなくて、他者に出会うものでなければならないし、そこに教育的な意味もあると考える。少なくとも、『タイタニック』にはまっている自分を相対化して見ること、つまりメタ認知するのとしないのとでは大きな違いがあるのではあるまいか。

　教育における分析は、手段であって目的ではない。分析して終わりなのではない。目的は、あくまで読むことであり、読者になんらかの行為を体験させることである。フランスで物語分析を主導してきたツベタン・トドロフは、文学研究あるいは学校教育における分析の自己目的化を批判している。[25]文学は分析するためにあるのではなく、何事かを為すためにある。テクストの意味だけでなく、その作用を見極めることも、教材研究において肝要なことである。物語とは、何事かを意味すると同時に作用しようとする。あらゆる発話には発話媒介行為といった他者に行為を促す機能が備わっている。文学テクストも発話とすれば、なにがしかの行為性を持つと言えるだろう。テクストごとにどのような行為性なり作用があるのかを見極める必要がある。「第Ⅱ部　ナラティヴ・リテラシーの実践」において具体的な教材をもとに述べるように、分析から意味を把握し、テクストの行為性すなわち意味作用を見ようとすることが必要であり、教材研究の意味もそこにある。

# 第四章　国語教科書における物語分析
## ――フランスにおける中学校を例として――

### 1　物語論と語り論

高度情報化社会・メディア時代と言われる今日、言語化・物語化された世界に生きるわれわれにとって、言説を批評的に見ていく力をつけるには、語りは掛け値なしに重要なものとなる。なぜなら、あらゆる言説・メディアは物語化され、物語とは誰かがある点から語ったものだからである。そこには、言うまでもなく、発信者・表現者の意図なり欲望なり戦略なりが潜んでいる。なんらかの行為を遂行しようとする力が働いているはずである。言説の表面にとどまることなく、潜在的な行為性を可視化するためには、言説やテクストをメタ化することが不可欠であろう。そのメタレベルを問題とするには、語りの機能と行為性に目を向けることが有効なものとなる。

二〇一二（平成二四）年度版中学校国語教科書に語りが取り上げられた。そこで、中学校段階で扱う語りの範囲を明確にしたうえで、世界的に進展した物語論《ナラトロジー》や語り論の何をどこまで取り上げるのかを検討しなければならない。作者ではない語り手がいることを理解するだけでも、中学生にはけっして容易なことではないのである。学習内容を明確にし、系統的・段階的に指導する必要がある。

ここでは、中学生に語りを教えるにはどうしたらいいのか。何をどこまで教えるのか。そのことを明確にするために、物語の構造分析の先進国であるフランスの教科書を研究対象とする。具体的には「コレージュ」（中学校）段階のフランス語（国語）の教科書を対象として、物語や語り分析にかかわる箇所を抽出し、どのように扱われているか傾向と実態を明らかにしたい。得られた結果を批判的に考察することで、日本での教材分析のための語りの活用や語り分析のための指導事項を明確なものとし指導過程を構築するための指針を得ることを目的とする。

## 2　フランス学校教育と国語教科書

フランスの教科書における語り分析の傾向を明らかにする前に、フランスにおける教科書の扱われ方などについて一瞥しておきたい。フランスでは、一九九五年日本の学習指導要領に相当するプログラムが交付されたが、法的な拘束力はない。基本的に自由に教科書が作られる。またどの教科書を使用するかも教員の選択に任せられている点は日本と著しく異なる点と言ってよいだろう。しかし、高等学校修了時に全国一斉にバカロレア（大学入学資格試験）があるから、教科書編集者も学校の教師も、これを意識し対応しなければならない。二〇一六年六月に実施された問題の一部をあげる(1)。

文系　テーマ１「あらゆる生物を尊重することは倫理的な義務であるか?」
テーマ２「人は自らの過去の所産なのか?」
テーマ３「以下のトクヴィル『アメリカのデモクラシー』の抜粋を説明せよ」
理系　テーマ１「どんな芸術作品も何らかの意味を持つのか?」
テーマ２「政治は真実の要求を免れ得るか?」
テーマ３「以下のキケロ『予言について』の抜粋を説明せよ。」

このような試験問題に対応するためには、教科書を丁寧に扱うだけでは太刀打ちできないだろう。そもそもフランスにおいては、教科書はあくまで補助手段であり、生徒同士が調べたり議論し合ったりすることが多いようだ。二〇一五年二月東京にあるフランス人学校のコレージュとリセ（高等学校）のフランス語の授業を視察した時には、コレージュのクラスでは文法を教えていたが、プリントを用意し教科書は使用していなかった。リセでは生徒たち自身が、イヨネスコ、サミュエル・ベケットらの「不条理劇」について調べ、パワーポイントで発表し意見を交流していた。

授業の補助手段という性格は、教科書それ自体のありようにも反映している。Ａ４判ほどの大きさでふんだんにカラー刷りが用いられ絵や写真が満載である。国語といえども、美術・映画・演劇など他の芸術ジャンルも扱われる。ホメーロス『オデッセイア』からはじまり、トマス・モア『ユートピア』、ラ・フォンテーヌの『寓話』といった古典はもちろん、ゾラ、スタンダール、フローベール、ユーゴーといった近代の著名な作家たちは言うにおよばず、カミュなど現代作家に至るまで、パッチワークのように抜粋されている。文化的・芸術的なテクストは言うまでもなく、広告や新聞などあらゆるジャンルの言説・テクストが、断片的にではあるが広範囲に掲載されている。古典から現代、哲学からジャーナリズムにいたるまで、広く文化全体をカバーしようとしていると言っていいだろう。

バカロレア「文系　テーマ2　人は自らの過去の所産なのか?」という問いに「正解」があるとは考えにくい。論理的に思考するプロセス自体が重視されるのだろう。「文系　テーマ3　以下のトクヴィル『アメリカのデモクラシー』の抜粋を説明せよ」という問題に答えるためには、『アメリカのデモクラシー』を読むなり知っておくなりした方がいいだろうし、少なくとも誰かの思想について思考すること自体に慣れ親しんでおかねばならない。また、「理系　テーマ1　どんな芸術作品も何らかの意味を持つのか?」に対応するためには、芸術作品に広く触れておくことが望まれる。つまり、幅広い教養と深い考察が求められているのである。日本の国語との関わりで言うと、詩や演劇が重視されているのも特筆に値しよう。概して、フランスでは文学教育が重視されていることは一目瞭然であるが、日本と異なり詩教育は文学教育の中心であり、演劇はコミュニケーションの模範となっている。

バカロレアの出題方式が論述である以上、生徒たちは書くことに習熟していなければならない。中学校国語教科書に共通しているのは、客観的に分析し、それをふまえて書くことである。日本では

「話すこと」「聞くこと」「書くこと」「読むこと」に分かれるが、フランスでは最終段階において「書くこと」が求められる。「フランスの教科書は出版社・編者を問わず、いずれもが『書く』作業を重視するが、収録作品についても、生徒の理解を問う一連の問題を課した後、作品をもとにした作文作業を求めるのが、国語教科書の一貫したパターンにさえなっている[2]」とされる。しかも、これも日本と著しく異なる点であるが、日本のように「見たままを書け」とか「自分の言葉で書け」ということでなく、むしろ、主観を避け、客観的に分析することに価値が置かれている。それも、後述するように、「人称を変えて書き換えよ」といったように、かなり高度なレベルが要求されている。そのうえで、論理的に組み立て、自己の意見を確立し表現することに重点が置かれているのである。

## 3 フランス語教科書における語りの扱い

二〇一四年現在フランスの国語教科書を刊行しているのは、Belin（ブラン）社、Bordas（ボルダス）社、Hachette（アシェット）社、Hatier（アティエ）社、Magnard（マニャール）社、Nathan（ナタン）社の六社である。6年生用から3年生用まで（フランスのコレージュは4年制であり、6年生は日本の小学校6年生にあたり、5・4・3年生とすすむ）すべて入手できたのは、ブラン、アシェット、アティエ、マニャールの四社である。教師用指導書については、アティエとブランの二社のみである。ブラン社、アシェット社、アティエ社、マニャール社について見ると、語りの扱いについては、二つの系列に分けられる。すなわち、一つは教科書の本文ではなく、いわば付録的な扱いで「語彙」「文法」などとともに解説し練習させるものであり、アティエ社とマニャール社が該当する。いま一つは教科書本文として取り上げるものであり、ブラン社とアシェット社がそれにあたる。前者から見ることにしよう。

アティエ社『Français — Rives bleus』（二〇一三）は、6・4・3学年の付録的な扱いとして、「文法」「語彙」などの一部「物語の語彙（Le vocaburaire de la narration）」として取り上げている（5学年にはない）。6学年のものを見てみよう。まず「観察する（j'observe）」として、ジャン＝ノエル・ブラン「途方に暮れる猫」（二〇〇二）の小説の一部が掲載され、次の問いが出されている。

1. この抜粋が収載されている小説の作者は誰ですか？
2. 誰が語り手（物語を語っている人）ですか？
3. 語り手は、同時に小説の登場人物の一人ですか？
4. この語り手の選択によって、どのような効果がもたらされていますか？(3)

そして、「作者（L'auteur）」「語り手（Le narrateur）」「登場人物（Le personnage）」について説明がなされた後に、「練習しよう（Je m'exerce）」として、以下の問題が出される。

1．誰が語り手ですか？　どの人物が言説を先導していますか？　二つの代名詞を抜き出しなさい。―ホメーロス『オデッセイア』抜粋文―

2．次のテクストを読んで、設問に答えなさい。―シャルル・ペロー『巻き毛のリケ』抜粋文―

①テクストの作者は誰ですか？　言説を導く語り手は誰ですか？

②登場人物は何人ですか？　彼等は誰ですか？

③語り手が一人称でコメントを出している二つの文章を抜き出しなさい。どの代名詞の役割によって、語り手は読者を物語に結びつけていますか？

3．テクストを読んで、設問に答えなさい。―ジャン＝ノエル・ブラン「途方に暮れる猫」抜粋文―

①物語を導く語り手は誰ですか？

②ロドリゴを語り手にして、テクストを書き直しなさい。いかなる代名詞によって、代名詞「彼等（1から5行目）」、「彼（8行目）」、固有名詞「ロドリゴ」は置き換えられなければなりませんか[4]？

4学年になると、「作者」「語り手」「登場人物」に加えて、「視点（Le point de vue）」「語りの叙法（Le mode de narration）」が取り上げられ、練習問題が付されている。3学年も4学年と例文は異なるものの、ほぼ同様に解説と練習問題を見ることができる。また、アティエ社には、もう一種類

『Français ― Escapades』があるが、これも巻末にてこれらのものを取り上げている。

マニャール社『Français ― manuel unique』（二〇〇九―二〇一三）は、「言葉の庭（Jardin des lettres）」として一括して扱う点は同様であるが、語りは「視点」となっている。「基本的な意味において、視点とは、ある人がある風景（景色）を見るために身を置いている場所を意味する。語りや描写のテクストにおいて採用されている視点を特定すること。それは、誰が場面（シーン）を見ているのかという質問に答えることである」と視点の定義があり、「全知視点」「内的視点」「外的視点」の説明がなされたうえで、「練習」問題が付されている。

次に本文において本格的に取り上げている教科書を検討する。

アシェット社『Les couleurs du Français』（二〇一二）の3学年では第1章「現代小説（Nouvelles contemporaines）」の中に、「読書のすすめ（PROPOSITIONS DE LECTURE）―方法（méthode）」として、「語りの順番（L'ordre de la narration）」「物語の構成（Les composantes du récit）」をあげている。「語りの順番」を出すのは、大過去・半過去など時制にこだわりの強いフランス語の特徴に由来するばかりではない。「語りの順序を変えて書く」という問題に見られるように、書くこと・表現することがここでも最終的な目標とされているからであろう。次の「物語の構成」においても、「語り手の視点を特定」したうえで、「視点を変えて書く」「イメージ（絵）をもとにして書く」ことが求められている。「作者」や「語り手」の説明・解説ももちろんあるが、それらはあくまで書くための「方法」にすぎないといった位置づけである。次ページ「書く（écrire）」においても、「描写を書く

（écrire une description）」ばかりでなく、「語りを書く（écrire une narration）」とされ、次のような課題が出されている。

幸福な人間

過去時制を用いて。二〇行程度で、生まれた時から《幸福な人間》とあだ名された人間の物語を創作しなさい。省略を用いて彼の二〇歳から物語をはじめ、死に至るまでの言説を記しなさい。過去への回帰を使って、幼年期や思春期を語りなさい。彼の人生における幸福を述べる時は、《何と幸運な！》という表現を用いて、文章（テクスト）を強調しなさい。文章の終わりには、人生の転落（失敗）を用意して、《何と不幸な！》という一文で締めくくりなさい。(5)

（傍線は、丹藤）

読むためというより書くために語りの方法を習得するという傾向は、3学年においても同様であり、この教科書の特徴となっている。

ブラン社『L'oeil et la plume,Français』（二〇〇九—二〇一二）は、5学年の最初に「新学年のアトリエ」として入門的なコーナーが設けられている。そして、次の三つの柱が立てられている。「言説についての読み方」「イメージ（絵画）についての読み方」「物語テクストの書き方」である。なかでも、「1」として最初に配置されるのが「物語を読む（Lire un récit）」であり、「誰が語り手か？」

「時を表すものは何ですか？」「言説はどのように構成されていますか？」という三点の要点が示され、練習用の例文が出されている。

4学年でも同様に「新学年のアトリエ」があり、はじめに「テクストを読む（lire un texte）」として、「語り（La narration）」「描写（La description）」「対話（La dialoge）」「言説の中の描写と対話（La description et le dialogue dans le récit）」練習問題と例文が示されている。「語り」については、「確認」として以下の要点が挙げられる。

▽語り手は物語を一人称、ないしは三人称を用いて語る。語り手は言説内部に介入したり、言説の内部にとどまっていたりすることができる。
▽時系列的な結びつきが、言説を構成する。（時の副詞、名詞群、時の従属節）
―言説の流れを構成する出来事は、単純過去、ないしは複合過去によって表現される。
▽ある種の出来事については沈黙される。（《何日かしたのち、彼等は出会った》
―要約される場合もある。（《彼女の家で午後を過ごしたのち、彼女は立ち去ることに決めた》）
▽しばしば場面（シーン）の形式（様相）が何ページにもわたって説明（展開／拡張）されることがある。
⇩次のテクストの中から、言説を構成する時間についての目印をあげなさい。
⇩物語を展開する（進める）行動を表現する動詞をあげなさい。

⇩どのような出来事が要約されていますか？何が詳しく語られていますか？

―ダニエル・ペナック『ガービン銃の妖精』（二〇〇〇）抜粋文(6)―

ブラン社には、もう一種類『À suivre..., Français, Livre unique』があり、こちらは第1章から本格的に語りを取り上げている。5学年用（二〇一三）には、「第1章　物語と対話　青春についての物語」があり、次の学習が課題とされている。

1　語り手の性質の違いを区別する
2　語り手の能力を明らかにする
3　語るための見方を選択する
4　対話による物語を始めましょう
5　対話による登場人物の提示
6　対話によって筋を進める
7　映画のチラシを比較する(7)

「1　語り手の性質の違いを区別する」とは、いったいどのような学習活動をするのか。ジャン・ジュベール『ノアの子供たち』（一九八七）、ベルトラン・ソレ『山賊についての物語』（一九八八）の抜粋文が掲載されて、次のような「課題」が出されている。

理解する

物語

①　それぞれのテクストをワンセンテンスでまとめなさい。

②　誰がそれぞれの抜粋文の作者ですか?

③　人称代名詞について確認しながら、それぞれのテクストの語り手が、物語登場人物の一人なのか、物語の外部に存在する者なのか確認しなさい。

登場人物についての印象

④　最初のテクストにおいて、視覚についての知覚動詞と聴覚的感覚を言い表した表現を見つけ出しなさい。

⑤　特に器械について記している表現をあげながら、シモンが徐々に、それがヘリコプターであることを認識していくことを示しなさい。

語り手の役割

⑥　二番目のテクストにおいて、語り手がジルの思考と感情について認識しているところを示し

なさい。

⑦　どの文章に、語り手は歴史的内容、時代状況を記していますか？

⑧　語り手が状況についてのより多くのヴィジョンを持っているのは、このテクストのうちのどの部分ですか？[8]

続いて、「書く」として「一人称を用いて、最初のテクストの続きを一〇行程度で語りなさい」とある。5学年とは、日本の中学一年生にあたる。中学一年生に右記①～⑧の課題は高度であり、この段階の生徒たちには高等かつ困難であろう。そのような高度かつ困難な課題は何のために出されるのか。それは、次の「復習」に見ることができる。

・小説において、小説が登場人物の一人によって語られる：それは**一人称の物語**であることを意味する。読者は、**語り手を兼ねる登場人物**の見るもの、聴くもの、理解するもの、感じるものを通して、物語の筋を理解する。

・語り手は、**物語の外側**にいることもできる：語り手は三**人称の物語**を操る。語り手は、読者に、登場人物の思考や感情を明らかにし、しばしば状況について登場人物より多くのことを知っていることができる。[9]

つまり、テクストにおける語り手の役割を意識化させ、語りの機能を明らかにすることを企図しているのである。それは、「作者」と「語り手」の区別、登場人物の内側から語るのか外側から語るのかにとどまるものではない。「2　語り手の能力を明らかにする」では、「語り手の存在」として「③あなたの考えでは、語り手は読者の落胆を狙っていますか、それとも読者の好奇心を刺激することを狙っていますか？」とあり、語りの効果や戦略についての考えを求めている。さらに、「語り手の力」の中には「④（二番目の抜粋文）語り手が、孤児たちの冒険が本物であるかのようにするために、（語り手が）何も考えていないようなふりをしている文章を（二六～四六ページの中から）三つ抜き出しなさい」とある。この課題に応えるためには、テクストそのものを深く読み込んでいるものでなければならないだろう。語りという方法は、読むための手段のようにとらえがちだが、この教科書では語りという方法を習得するために読むのである。むしろ方法の習得が目的とされているのは注目に値する。

## 4　「〈学び方〉を学ぶ」

フランス中学校の国語教科書において、物語分析に焦点化して見てきた。以下、結果について私見を述べたうえで、日本の中学生に何をどこまで教えるのか、語り分析を国語の授業にどう取り入れていくべきかについて提案したい。

### 第一、思考のための分析

フランスの教科書では、子供の素朴な感想や印象が問われることはない。あったとしても、それは目的ではない。客観的で合理的に分析することが第一義的に重要なのである。それは、根拠をもとに自立的に思考することが求められているからだと考えられる。そのためには、書くことが必須とされる。物語の方法の習得は、物語の創作によって検証されなければならないのである。

### 第二、方法論の前景化

フランスの文学教材が作品主義ではなく、断片的なテクストの抜粋に終始するのは、作品そのものを読み味わうというより、作品の方法を明らかにするためであるだろう。方法の習得が中心的な課題なのである。中西一弘の言葉を借りれば「〈学び方〉を学ぶ」[10]という方法論が中心となり、方法としてテクストのメタレベルを問題とすることは、自立的な思考や表現をする人間を育てようとする目的意識に貫かれているように思われる。

### 第三、言語と文化的テクスト

フランスの教科書が、文学のみならず絵画・映画・演劇・広告・新聞といったあらゆる文化的テクストを掲載し、ブラン社のように学年の冒頭でまず語り分析の方法を教えようとするのは、あらゆるメディア・言説・テクストは、誰かがある視点から語ったものであるという前提に依拠していると見て差し支えないだろう。テクストの構造が最も複雑な様相を呈するのは、文学的なテクストであるが、他のテクストを読むうえでも語りは必須なのである。

物語分析、語り分析の範囲で言えば、以上の点がフランス中学校国語教科書の特色としてあげられる。テクストの方法を客観的に分析するばかりでなく、それを自らの表現に生かす。そのことで自立した思考を目指すことは、印象主義・生活主義・写実主義が根強い日本とは異なるが、それだからこそ参考になる部分もある。しかし、だからといって全面的に支持しているわけではなく、いくつかの疑問もある。文化的・教育的な考え方の違いに由来するもので一概には言えないが、例えば、日本の作品主義とは異なり、読む対象が断片的であること。また、形式と内容の双方を扱おうとする日本とは違い、形式面に偏っている点にも問題はある。

次に、学習内容の範囲と段階性・系統性について考察したい。

**基礎レベル**

フランスの教科書四社のうち、付録・資料編として一括して扱う仕方と本文として本格的に扱う実態を検討してきた。前者について言えば、日本の中学校国語教科書においても、巻末に漢字、文法をまとめて掲載しており、それと同様の発想と見てよいだろう。ということは、フランスにおいて、語りは漢字や文法と同様必須の習得すべき学習内容と見なされているということである。日本では、小説の後に学習課題として出されたり「コラム」として解説されているが、語りは小説の読みの技法としてばかりでなく、他のテクスト・言説にも汎用できるものであり、なおかつ表現にとっても欠かせない事項として位置づけられているということである。そこで、6学年で扱われる基礎的な習得事項としてあげられているのは、アティエ社の教科書に見られるように、「作者」と「語り手」と「登場人物」を識別できるようにすること、「一人称」と「三人称」あるいは「外的視点」と「内的視点」の区別と、その効果についての違いを把握することである。ブラン社のように、第一章に語りの分析方法を出し、以後の学習の前提としているものもある。少なくとも、このレベルまでは、日本の中学校段階の学習内容とすることができるのではないか。

**応用レベル**

ブラン社のように、5学年段階で、語りの効果を意識化させるといったレベルまで踏み込んでいる教科書もあり参考となる。例えば、「描写」や「叙法」についての説明と課題が出てくる。「描写」も、「視点」同様、ナラトロジーからすれば、すでに古い概念となっているが、要するに語りに対して語られる対象を問題とし、〈語り―語られる〉という関係性においてテクストを把握させようとするものと考えられる。「叙法」は、語り方そのものを問題とするものであるが、これは物語の時間をとらえさせようとするものでもある。ストーリーとプロットの違い、「要約」したり「省略」したりする語り方を可視化するものであり、語り手がどの程度物語内容に介入しようとしているのか、あるいは介入していないのかといったことを問題にしようとするものである。**応用レベル**は、読みにおいて語りの効果や語り手の意図なりを可視化することで読みを深めようとするものである。日本でも、最近「批評」や「批判」が注目されるけれども、そのためには**応用レベル**をどの程度授業で具体化できるかが検討されなければならない。

**発展レベル**

これまで述べてきたように、フランスの物語分析・語り分析は、言説やテクストの方略を可視化するというメタレベルを問題としつつも、それは生徒が文章を書けるようになるために行うものである。絵や写真を見て、文章（物語）を創作するというのも、「視点」や「描写」を用いて実際に取り組ませるのも、方法的・自覚的に書くためのものである。物語の方法に学び、物語を創作するとなると、すぐに「作家を育てる気か」と批判されそうだが、方法の習得は実際に書いてみることで自覚化されることは言うまでもない。「創作」となると評価が難しく、なかなか具体化されそうにないが、フランスでは積極的に試みられているのである。

# 第五章　教室で読むための語り分析の方法

## 1　語り手の登場

前章でも述べたが、二〇一二（平成二四）年度版中学校国語教科書の一年用（『少年の日の思い出』）に語りを問う学習課題が出されコラムが掲載された[1]。語りは文学研究では言うにおよばず、文学教育研究においても、すでに二〇年以上も前から読みの方法として用いられてきた[2]。しかし、国語教育においては語りが本格的に導入されているとは言いがたく、その意味で教科書に取り上げられたのは画期的なことと言ってよい。ただし、教科書に登場したと言っても三社にとどまり、その扱いも教科書によって軽重の差が見られる[3]。そもそも国語を教える教師たちにとっては、語りとはけっして自明なものではなく聞いたこともないというのが実態なのである。現職のまま大学院に入学してきたある小学校教師は、大学院に来て初めて語りを知ったと述懐していた。高校の教科書では、以前から「手引き」などで問われているが、学生はほとんど知らない。土方洋一は、『物語のレッスン』において次のように指摘している。

教育実習に行って帰ってきた学生が、こんな報告をしてくれました。「古典の時間に『源氏物語』を扱っていて、地の文の主体を〈語り手〉と言ったら、授業のあとで、あちらの学校の先生に、「〈作者〉といいましょうね。」と指導されました」というのです。私がいつも授業の際、地の文の主体を〈語り手〉と読んでいるので、学生がそのまま〈語り手〉ということばを使ったところ、高校の先生から〈作者〉ということばを使って教えるようにと注意を受けたのですね。(4)

国語の授業では、いまだに「作者」が君臨しているのは紛れもない事実と言わねばならない。もともと文学理論から生まれた物語論《ナラトロジー》が、文学研究にとどまらず、これまで確認したように、哲学・歴史学・臨床心理学・教育学・医学といった他の学問・分野にまで影響をあたえているにもかかわらず、文学の教育に本格的に導入されてはいないのである。

それゆえ、教科書に語り手が登場したからと言って、ただちに語りが教材研究に用いられ授業で扱われているとは言い難いだろう。語りとは何か、語りを読みの授業で扱うことの意味とは何なのかについては、これまで述べてきた。以下、語りを授業で問題とするための指導事項を明らかにし、具体的な指導過程について提案する。教材の本文は『伝え合う言葉　中学国語1・2・3』(教育出版、二〇一六年）に拠る。

## 2　語りの指導事項

語りを読む指導過程を具体化する前に、基本的な用語なり概念なりについてある程度教えることは避けられないだろう。しかし、一方で、ナラトロジーのような精緻な分類を生徒にそのまま理解させるにはかなりの負担となる。そこで、教えるべき事項を精選し、基本的な事項から発展的なものへと順次、系統的・段階的に扱うことになろう。

前章でまとめた**基礎レベル・応用レベル・発展レベル**という系統性・段階性をベースとして、語りの基本的事項について次に述べたい。扱う範囲も中学生という発達段階をふまえて、最低限理解させたいレベルにどとめている。「語りの基本事項A・B」に分け、「A」は最低限必要な事項、「B」は必要に応じて教えたい事項としたが、実態あるいは授業の展開によっては、先行して教えることもありうる。あくまで目安にすぎないことを断っておきたい。

### ①　語りの基本事項A

#### a　ストーリーとプロット

小学校では物語教材が多いが、中・高等学校になると小説が教材化される。物語と小説の差異もおさえておきたいところである。では、どう違うのか。E・M・フォースターの説明を紹介する。

まずプロットを定義しましょう。われわれはストーリーを、「時間の進行に従って事件や出来事を語ったもの」と定義しました。プロットもストーリーと同じく、時間の進行に従って事件や出来事を語ったものですが、ただし、プロットは、それらの事件や出来事の因果関係に重点が置かれます。つまり、「王様が死に、それから王妃が死んだ」といえばストーリーですが、「王様が死に、そして悲しみのために王妃が死んだ」といえばプロットです。(5)

フォースターは、ストーリーとプロットの差異を因果関係に見ようとしているのである。物語は時間的な順序によるため「それから？」が問題となり、小説は「なぜ？」という問いが重要だとも述べている。小説は近代に入って物語批判の意味をもちつつ登場したジャンルであるが、ストーリーとプロットの把握およびそれに応じた読み方が求められる。

### b　物語内容・物語言説・物語行為

物語内容とは、テクスト中の出来事のことであり、物語言説とはテクストのことである。同じ物語内容でも物語言説が違えば違った内容になる。源平の争いなり平家の没落なりは歴史的な事件・事実であるが、『平家物語』と『源平盛衰記』と『義経記』では別の内容になっている。同じ事件・事実であっても物語言説が違えば物語内容も異なる。つまり、実際の事件・出来事と物語内容は別のものであるということである。「形式」がちがえば「内容」も異なることを理解させるのが第一歩となる。物語内容では、「機能」と「指標」を把握することが必要となる。物語とは、出来事が語られるのであり、出来事とは人物がなんらかの行動を起こすことである。人物の行動が機能と言われるものであり、物語の中核的な要素となる。しかし、出来事には直接関わりなくとも、ある意味を添える働きをするものもある。これが指標と言われるものであり、指標の意味をとらえることも重要である（「第I部第3章―3　物語の理論」参照）。

次に物語行為。物語を語るという行為そのもの、すなわち、語りのことである。

### c　作者と語り手

ほとんどの中学生は、作品を書いた人は作者であると思っているだろう。しかし、書いた人は作者であっても、物語を語っているのは語り手である。なぜそのように区別しなければならないのかといえば、作者と語り手が分裂していることが文学テクストに独自な特徴だからである。実際、作者ではつじつまの合わないことがしばしばある。「吾輩は猫である。名前はまだ無い。」（夏目漱石『吾輩は猫である』）とあるからといって、作者は「猫」ではないことは自明である。「男もすなる日記といふものを、女もしてみむ、とて、するなり。」（紀貫之『土佐日記』[6]）も作者は「男」であるが、「女」を語り手としており、作者と語り手が分離している例である。つまり、テクスト内においては、作者ではなく、語り手という虚構上の主体が語っているとしなければならないのである。

**d　視点と人称**

語り手がどの視点から語っているのかも重要な要素である。「私」「僕」として登場人物の中から語れば一人称。登場人物の外から語ると三人称になる。「三人称小説」といったように安易に規定しない方がいい。なぜなら、『走れメロス』のように、冒頭「メロスは激怒した」と〈外〉から語っていながら、「私はこれほど努力したのだ」と登場人物の〈内〉から語ることもあり、一概に規定できない。「三人称」といっても、神のように全知の視点から語ることもあれば、登場人物に寄り添って語ることもある。これは、分析批評では三人称全知視点と限定視点というように区別される。

②　語りの基本事項B

**e　語りの時間**

物語には語られている時間が存在する。プロットになると、時間は順序立てて流れるとは限らない。『走れメロス』は叙事詩としての「人質」を典拠としていることからも、メロスがシラクスの町までやってくるところから、王との和解が成立するところまで時間的な順序にしたがっている。しかし、『少年の日の思い出』も『夏の葬列』（二年生）も、そして『故郷』（三年生）も、語りの現在のほかに過去の時間が挿入される。『夏の葬列』は現在と過去が交互に語られ、現在もなお過去の出来事にとらわれていることを構成そのものが示唆している。小説テクストにおいて時間は重層的なのである。

『オツベルと象』には、「第一日曜」「第二日曜」そして「第五日曜」という太陽暦と「西の三日」「西の四日」という太陰暦の二つの時間が流れている。太陽を中心とする時間と月による時間とでは、一つのテクストでも世界が異なることになる。語り手が位相の異なる二つの時間を語ること自体、現実にはあり得ない文学に特有のことであり、生徒に意識させたいところである。

### f　描写と語り

ナラトロジーでは、プラトンやアリストテレス以来の「ミメーシス」と現代の小説論でよく引き合いに出される「ディエゲーシス」を分けて考える。「ミメーシス」とは「示すこと」（showihg）であり「ディエゲーシス」は「語ること」（telling）である。なぜ、そのような区別が必要かというと、国語教育ではよく「描写」ということが取り沙汰されるが、「描写」は「ミメーシス」に属する。「描写」というと眼前の事象を語っているような意味になるが、物語においては、先に述べたように、実際の出来事と物語内容は異なることをふまえるなら、厳密に言うと「ミメーシス」ではない。別の言い方をするなら、「描写」とは現在のことであり、語りはあくまで過去のことを語る。したがって、物語テクストにあるのは「描写」ではなく、語りということになる。しかも、強調しておきたいのは、タイムラグがある以上、語ること自体、忠実あるいは正確に表象することはありえず、実際の事件・史実を変形・加工・編集してしまうことが避けられないということである。これは、語り手の意図とは無関係なことであり、語ることに必然的にはらまれる事態である。語りが「騙り《かた》」でもあるとされる所以である。授業では、よく感想を言わせる際に、本文のどこに書いてあるかといった実体的な把握がなされているが、書いてあるからといってそれは固定的な意味ではなく、あくまで語り手の見方によってそう語っているにすぎないのである。『少年の日の思い出』で「僕」は「エーミール」のことを「この少年は、非のうちどころがないという悪徳をもっていた」「世界のおきてを代表でもするかのように、冷然と、正義をたてに、侮るように、僕の前に立っていた。」といったように語るが、それはあくまで「僕」がそのように感じたというだけで、実際に「エーミール」がそのような人間だったかどうかは別の問題である。大事なことは、実際に「エーミール」がそのような少年であったかどうかではなく、「僕」にそのように語らせているという語り方自体が意味することは何かということである。

## g　語りの水準

ジュネットは、『物語のディスクール』において、「態」としての語りについて、「語りの時間」「人称」「語りの水準」という切り口によりアプローチを試みている。本論「語りの基本事項B—e」（91ページ）が「語りの時間」に相当し、「語りの基本事項A—d」（91ページ）が「人称」にあたる。最後に「語りの水準」について見てみよう。「語りの水準」とは、語り手の物語世界に対する位置を扱う領域のことである。語りの水準は、「物語世界外的／物語世界内的／メタ物語世界的」に大別される。物語世界外にいる語り手は、例外もあるが、基本的には物語世界内に登場人物として現れることはない。教材でいうと『オツベルと象』『走れメロス』『夏の葬列』はこれにあたる。物語世界内に位置する語り手とは、語り手が登場人物となっているケースで、『故郷』が該当する。「メタ物語世界的」は物語世界内の人物によって語られるもので、「入れ子型」とか「額縁構造」とか言われるものである。『少年の日の思い出』を想起すればいいだろう。要は、テクストの語りがどのカテゴリーに属するかを明らかにするばかりでなく、語り手の登場人物に関する介入の仕方および語り方そのものを問題とすることが肝要だということである。

## 3　物語分析指導過程試案

### ■■指導過程モデル■■

Ⅰ　物語内容をまとめる

①　初読後、あらすじを一文でまとめる（「機能」の明確化）。

▽「あらすじ」をまとめさせ発表させてみると、児童・生徒によって多様である。それだけに、その児童の関心や把握の程度がわかる。観点としては、「機能」、つまり誰がどんな行動を起こしたか、出来事の内容はどのようなものかとなる。

②　登場人物の属性・役割をまとめる。

▽「属性」とは、人物にかかわる情報すべてを含む。どういう役割を担っているかも必要な要素となる。

③　疑問や感想を出し合う（「指標」の掘り起こし）。
▽児童・生徒の率直な疑問や感想が読みをひらくことにつながることもある。また、「指標」に関わっている場合は、積極的に取り上げることも必要である。

## Ⅱ　物語言説（形式）の特徴をとらえる

④　構造を把握する（ストーリー／プロット、額縁構造など）。
⑤　時間を確認する。

## Ⅲ　語り分析

⑥　語りの視点（三人称か一人称か）を確認する。
⑦　語りの速度（時間）をとらえる。
▽速度については取り上げる必要のないものもある。
⑧　語り方の特徴について発表したり話し合ったりする。
▽語りの方略・語りの効果など。

## Ⅳ　発展的な言語活動

⑨ プレテクスト（原典）との比べ読み。
▽中学校では『走れメロス』とシラーの『人質』、小学校では『ごんぎつね（「赤い鳥」版）』（教科書掲載）とスパルタノート、高校では『山月記』と「人虎伝」がある。

⑩ 視点を変えて書き換える。

## Ⅴ　読みの交流と批評

⑪ 分析にもとづいた読みを交流し作品の評価を行う。

⑫ 批評文（または感想文）を書く。

■■具体例『走れメロス』(7)■■

① 「メロスが王との約束を果たすために、城に戻ってくる話。」「メロスが、妹に結婚式をあげさせ、友情と正義のために走る話。」など。

② 「メロス」は「単純な男」。「セリヌンティウス」はメロスのために人質になる優しい人物など。

③　省略
④　物語はメロスがシラクスの町に来て、王城に入るという発端から、セリヌンティウスの処刑前に間に合い王の改心に至るという時間の流れになっている。ストーリー展開と言える。
⑥　三人称の視点。「メロスは激怒した」と始まることから登場人物の外から語っている。しかし、メロスが「疲労困憊」し、不貞腐れる場面になると「私はこれほど努力したのだ」（引用中の傍点は丹藤）といったように一人称の視点になり、再び走り出す場面になると「走れ！　メロス」としてメロスの外から語っている。つまり、登場人物の外→内→外と視点が変化している点が特徴的である。
⑦　メロスが再び走り出すと語り方は速度をあげ、物語の時間は速くなる。懸命に走るメロスを印象づけるのに効果的である。
⑧　⑥から言えることだが、語り手はメロスの内面に入り、メロスと一体化している。「走れ！　メロス」といった語りからもわかるように、語り手はメロスに感情移入し、登場人物と一体化するのである。また、『走れメロス』の語りが矛盾や齟齬をきたしていることも、従来指摘されるところである。例をあげると、山賊に襲われた後、疲労困憊し不貞腐れる場面で、「私は急ぎに急いでここまで来たのだ」とあるが、村を出た時には「そんなに急ぐ必要もない。ゆっくり歩こう」とある。「シラクス」は古代イタリアの都市名であり「ゼウス」というギリシャ神話の神が登場する一方で、「南無三」「韋駄天」といった仏教語が用いられている。
⑨　周知のことだが、『走れメロス』末尾には「（古伝説と、シルレルの詩から。）」と記されており、

『走れメロス』が『新編シラー詩抄』（小栗孝則訳、改造社、一九三七年）所収の「人質　譚詩」（以下、「人質」とする）であることが明らかになっている。

「人質」との比べ読みも多く実践されている。その違いを指摘させ、『走れメロス』の語りの特徴を明らかにすることも有効である。顕著な違いを例としてあげる。(8)

a　『走れメロス』ではなぜ王城に現れたのかの経緯が説明されている。

b　『走れメロス』では、王とのやりとりの中でセリヌンティウスが人質に指名されるだけだが、「人質」ではメロス自身が直接頼みに行っている。

c　濁流の場面は「人質」とほとんど同じである。

d　「人質」では「山賊」を倒すのは「不憫だが、友達のためだ！」となっているが、『走れメロス』では「気の毒だが正義のためだ！」となっている。

e　「人質」には「勇者」の語はない。

f　『走れメロス』では「メロス」の内面が語られている。

g　『走れメロス』では、メロスが走る理由として「もっと恐ろしく大きいもののため」「訳のわからぬ大きな力に引きずられて」があげられている。

h　フィロストラトスは『走れメロス』では、セリヌンティウスの弟子という設定だが、「人質」ではメロスの使用人である。

i　「人質」では王は城の中にいるが、『走れメロス』では群衆の中にいる。

ｊ　メロスとセリヌンティウスが殴り合う場面、少女がメロスに「緋のマント」を捧げる場面は、「人質」にはない。
ｋ『走れメロス』では、メロスの走る行為が強調されている。

内容的な差異はほかにもあるが、問題はそこから『走れメロス』の語りの方略を明らかにすることである。「人質」を典拠としながらも、実は内容の異なるテクストになっていることを理解させたい。

ｄから知れるように、『走れメロス』では「友情」ではなく、「正義」が走る理由とされるのである。この点から、これまで言われてきたような教材『走れメロス』の主題が「友情」というのは、再考されねばならない。メロスが走る理由は、ｇのような抽象的な大義といったものなのである。『走れメロス』でメロスは「勇者」とされ、美化されていることもわかる。語り手は、メロスの内面まで入り込み、葛藤・逡巡の様子を読者に伝えたうえで、「愛と誠」「勇者」といった形容をくり返し、「単純」で「頭は、空っぽ」な男が大義のために一途に行為を遂行する美談を語る。そして、群衆は熱狂の渦中にあり、疑うことを知らない善良な友もまた抱擁するという感動的なクライマックスをむかえることとなる。

⑩　物語内容は複雑なものでもないことから、セリヌンティウスや王の視点に立って書き換えさせてみることも語り手が美化するメロスを相対化するうえで有効な実践となるだろう。

⑪『走れメロス』の中学生の反応として、素直に感動するタイプと批判的なタイプ、さらに冷めたタイプに分かれることが報告されているが、語り分析を根拠に議論させたいところである。『走れメ

ロス』と「人質」との比べ読みの授業において、『走れメロス』に批判的であっても、「人質」なら評価できると表明する生徒は多いと報告されている。

⑫　分析のための分析でなく、分析を読みの根拠として議論する。分析をもとに読みを深め、批評へと向かわせることがねらいとなる。

以上、ジュネットの物語分析をベースとしながら指導過程として示し、『走れメロス』をもとに、具体的な分析を試みた。もちろん、これは、あくまで試案であって、今後実践的な検討をもとに考察が加えられるべきものである。ジュネットの物語分析は、世界的な評価を得ているとはいえ、物語論がこれに尽きるものではない。例えば、日本では折口信夫らによって、物語の「もの」とは「霊」、つまり「死者」のことだとする見方がある。議論のあるところだが、興味深い説である。しかし、西欧の物語にはそのような発想はない。「物語」とは、これからも研究されなければならないものだろう。ただし、学校教育では、「作者」の域を出ない現状に鑑みれば、語りを実践的に導入することが急務である。提案した指導事項や指導過程にしても、これで十分と考えているわけではない。物語論としては不十分であり、単純化の誹《そし》りを免れないかもしれないが、国語の授業に導入することを主眼を置いたことを断っておきたい。

次の第Ⅱ部では、前記指導過程をベースとして他の教材を対象に分析を試みることにしたい。

# 第Ⅱ部　ナラティヴ・リテラシーの実践

# 第一章　『おにたのぼうし』（あまんきみこ）

## ――存在の〈内〉と〈外〉――

### 1　あまんきみこ作品の教材化

二〇一五年現在小学校国語教科書において、あまんきみこの作品は、以下のものが採用されている。

学校図書
2年・上『きつねのおきゃくさま』
4年・上『白いぼうし』
教育出版
2年・上『きつねのおきゃくさま』
3年・下『おにたのぼうし』
4年・上『白いぼうし』

三省堂
1年・下　『夕日のしずく』
2年　『きつねのおきゃくさま』
3年　『おにたのぼうし』
4年　『白いぼうし』
東京書籍
1年・上　『わたしのそらはかさのいろ』
2年・下　『名まえを見てちょうだい』
光村図書
3年・上　『ちいちゃんのかげおくり』
4年・上　『白いぼうし』

一人の作家の作品が、現行の小学校国語教科書すべてに、しかも複数掲載される例は他にないと言ってよい。あまん作品と言えば、これまで『おにたのぼうし』『白いぼうし』が長きにわたって掲載されてきたが、現在（平成二七年版）では『きつねのおきゃくさま』『ちいちゃんのかげおくり』『名まえを見てちょうだい』『夕日のしずく』『わたしのそらはかさのいろ』の合計七作品が採用されている。宮澤賢治が『注文の多い料理店』『雪わたり』『やまなし』の三作品であるのに比べても掲載作品の多さは群を抜いており、現在、小学校の国語教育において、あまん作品が、きわめて重要な位置を占めていることを端的に示している。

しかし、この二〇年ほどのあいだに、あまん作品が急速に教材化されたとはいえ、『ごんぎつね』『一つの花』『注文の多い料理店』といった他の小学校国語教科書における定番教材に比べて教材論がそれほど多くはないことは否めない。今後教材化されたあまん作品についての議論なり教材論なりが求められよう。ここでは、あまん作品の中でも論じられることの多い『おにたのぼうし』について、その読みの可能性を検討することを目的としたい。

## 2　分裂する『おにたのぼうし』論

『おにたのぼうし』は、一九六九年ポプラ社より出版され、一九八六年には教育出版の三年の教科書に採用された。二〇一一年より三省堂『小学生の国語　三年』にも収録されている。

管見によれば、『おにたのぼうし』教材論は、この二〇年ほどのあいだに量産され活況を呈しているように見受けられるが、大きく二つのタイプに分類される。一つは、「おにた」と「おんなのこ」との交わることのないすれ違いを悲劇とし、そこに他者性を見る読みである。いま一つは、「おにた」の行動に積極的な意味を見出し、悲劇というよりむしろ救済とする見方である。

前者から読みを検討していくことにしよう。

山元隆春は、あまんきみこの作家論にも言及し他の作品も引きつつ、「おにたの中の私」にも「女の子の中の私」にもなりうるという語りの二重性を指摘し、「このラストシーンには、すべてを知ることができぬよう運命づけられた私たち人間存在の悲哀が凝縮され、浮き彫りにされているようにも思われる」(1)(傍線は丹藤、以下同じ)としている。

田中実は、「叙述」から「メタプロット」を読むという方法に立ち、「おにた」の「最期」を次のように読む。

献身の権化として生き抜くことを定められてしまった「おにた」の悲しみが、読者の思いを拉致していく。すなわち、己のもう一人の姿を女の子の嘘の中に発見した「おにた」が、なんら心を受け取ってもらえないまま、最期には女の子の求める豆、ほかならぬ自分を退治する豆になる瞬間の動作である。その犠牲の精神は、実は自分の寂しさ、悲しみを受け容れ、愛されることをひたすら求めていた思いの裏返しであることを読者は皆どこかで感じるからこそ、「おにた」の悲しさに強く、いや、ことさら感情移入することができるのである。決して「おにた」は犠牲や献身を望んではいなかった。しかし、そう生きざるを得なかったすれちがいの悲しみこそ、読み手の心を揺さぶるのである。(2)

田中は、「おにた」が「女の子」への愛ゆえに献身的な行動をとりながら、自分を退治する豆にならざるを得なかった犠牲・献身と悲劇性に読者が惹かれることを述べる。それは、『ごんぎつね』の「ごんは、死んで、兵十の心の中、思いのなかでようやく安らかに生きる」というのとは対照的に、『おにたのぼうし』の「他者性の深さ、その悲しみの深さ[3]」を指摘し作品として高く評価している。

田中論を受けて、『おにたのぼうし』を高校で授業した鎌田均「『読み』のベクトル――『おにたのぼうし』の場合――」は、高校において児童文学を教材化する理由を次の三点にまとめている。

児童文学であるため物語がシンプルで、比較的読書量の少ない生徒たちにとってもプロットが追いやすい。命の問題と触れることで生徒それぞれの現実を出しやすい。近代小説の持つ「他者性」の問題が「ことば」の力により露わになりやすい[4]。

鎌田も『おにたのぼうし』の教材価値を「他者性」に置いている。そして、生徒たちの初発の反応を「『悲しい』『かわいそう』『せつない』『優しい気持ちにさせられる』という言葉に集約していいかと思う」としている。

鎌田の論文は、日本文学協会第57回大会での発表をまとめたものだが、大会の議論を受けて日本文学協会国語教育部会では、『日文協　国語教育』（No.34、二〇〇四年五月）において、『おにたのぼうし』を特集している。角谷有一「『おにたのぼうし』を読み直す――新しい文学教育の地平を求めて――」は、「決して相手に伝わることのない「おにた」の悲しい愛、自分の食べ物がないことを偽ってでも献身的に母親を看病する女の子に対して居ても立ってもいられないほど強く惹かれてしまう思いがあるのではないだろうか」「『他者』と理解し合うことの難しさをあらためて読者に問いかけるドラマになっている」[5]としている。

確かに、小学校低・中学年の文学教材は、明るさ、楽しさ、面白さといった点が追求され、友情や勇気といった向日的な主題のものが多い。小学校低・中学年という発達段階をふまえ、そのような「教育的配慮」は自明なこととされているのである。その点、『おにたのぼうし』は異色である。「おにた」と「おんなの子」は、互いに了解し合えない〈他者〉であり、そこにはすれちがいによる「悲劇」しかないのである。「他者性」の問題が認められ、けっしてハッピーエンドに終わることのない点にこそ、『おにたのぼうし』の教材価値が認められるのであって、他の小学校教材にはない独自の位置をしめていると言ってよいだろう。

しかし、このような読みに違和を表明したのが村上呂里「『おにたのぼうし』（あまんきみこ）再読――〈新しい作品論〉・〈新しい教材論〉との対話を求めて――」である。他者との了解不能性、そこから生じる悲劇という点で、『おにたのぼうし』の読みを終えていいのかと村上は言う。長くなるが村上論の核心的な箇所を引用する。

「おにだって、いろいろあるのに。おにだって……」という聞かれなかった声までも鎮めるが如く繰り返される「ぱら　ぱら　ぱら　ぱら」という響きは「おんなのこ」という存在の二重性、すなわち母親の病気平癒を一心に祈る澄んだあり様が、同時に無自覚な愛らしい他者の生存理由を奪う存在でもありうるという二重性を浮かびあがらせる。「おにた」の末期の言葉を内言としてでなく声として描き出し、かつ容赦なく「おにた」と「おんなのこ」の了解不能性を描き出す語り手は、「とてもしずかな　まめまきでした。」と「おんなのこ」の豆まきにはらまれた二重性をも静かに冷厳に見ている。

　そうして冒頭の私たちの日常の延長線上にある「まことくん」の豆まきの無自覚な「ぱら　ぱら　ぱら」とが響きあってくる。すなわち等身大の「まことくん」の豆まきと、美しく澄んだ祈りとともにある純化された「おんなのこ」の豆まきと二段構えのプロットによって、愛らしい存在を無自覚な内に排斥する暗黙の文化共同体に孕まれた差別排除の仕組みが重層的に炙《あぶ》り出されてくるのである。このことをすでに山元隆春は「〈女の子〉の姿は、私たちの姿でもある」と指摘している。こうした文化共同体の差別排除の無自覚性を見据える冷厳なまなざしを読みとることにこそ、田中の言う文化共同体を超え出る、すなわち共同体の〈私〉を掘り起こす「読むこと」の契機があるのではないだろうか。[6]

　村上は、鎌田のすれちがいによる他者性の悲しみといった読みが、「愛らしい存在を無自覚な内に排斥する暗黙の文化共同体に孕まれた差別排除の仕組みが重層的に炙り出されてくる」点を看過していることを批判しているのである。「おにた」が「くろい　まめ」になることによって、「おんなのこ」は母の病気の治癒のための「まめまき」をすることができた。自分の文化共同体の価値観にしたがうことは、そのまま「おにた」の「おにだって、いろいろあるのに」という価値観を「無自覚」的に抑圧し排除することにほかならない。「あたしも　まめまき、したいなあ。」という「おんなのこ」の願いは、「おにた」の犠牲のうえに成就したのであり、そのことに「おんなのこ」はまったく無自覚なのである。

村上の言う「文化共同体の差別排除の無自覚性」は、学校教育にとってきわめて重要な示唆を投げかけているだろう。例えば、止むことのないいじめは、「文化共同体の差別排除の無自覚性」としか言いようがないからである。いじめる子は、いじめられる子が死にたいとまで思いつめていることなど想像だにしていない。いじめの理由は「面白い」というもので、まさか自殺するなどとは思ってもみない。無自覚のうちに差別し抑圧しているのである。文学教材が、田中の言うように、文化共同体の外に立つことなら、「文化共同体の差別排除の無自覚性」をこそ、読まねばならないのであり、文化共同体を相対化し、「差別排除の無自覚性」を問題視することが必要だと村上は説いているのである。

しかし、村上の読みは、その後顧みられることはなかった。『おにたのぼうし』の読みは、村上とも田中とも異なる方向、まったく別の「ベクトル」を示すことになる。次に、先に述べた後者の論を見ていくこととする。

木村功は、『おにたのぼうし』が、「他者を理解することの困難さを主題化した作品として評価されている」と先行研究をおさえたうえで、「その葛藤と変容の過程を読み取ることを最重要視した」と言う。それでは木村の読みはどうなのか。

しかし、他者性ばかりを焦点化するだけでなく、「おににも、いろいろある」と主張する主人公のおにたが、節分の夜に女の子に対する葛藤を経て変容を遂げること、すなわち「おににも、いろいろある」と思っているだけに止まっていたおにたが、女の子の前に姿を現したり発言したり、そして遂には黒い豆に変身することで、自らの主張を体現するまでに至っている点に注目する必要があるだろう。(7)

なぜ「自らの主張を体現するまでに至っている点に注目する必要がある」のか、それは次の結論に明らかである。

読者（生徒）には、他者（おにた）との隔絶を意識させるだけでなく、おにたのような他者に歩み寄るための思考や強い姿勢を育てたい。そこに現代社会で「おにたのぼうし」を読み、また教材化することの意味がある。(8)

木村は、他者との距離を縮めるための「思考」や「姿勢」を育てる契機となりうる点、他者との

「ディスコミュニケーション」を改善するため、距離を縮めていくための「おにた」の努力に目を向けるという点に『おにたのぼうし』は教育的な意味があると言う。ここでは、「悲劇」「他者」といった問題は捨象され、『おにたのぼうし』という作品の読みからは離れたところで教材価値を見出そうとしていると言わざるを得ない。

木村は、『おにたのぼうし』の「他者性」を認めたうえで、教材として別様に読むことを推奨しているわけだが、そもそも「他者性」を認めず、「おにた」の消滅という出来事に積極的な意味を見ようとする読みもある。はやく西郷竹彦は、「最後には、〈「きっと神様だわ。」〉と言っている。そこに、おにたの救いがあるのです。読者もまたおにたが認められてよかったなあと思います[9]」として、「おにた」は救われたのだとしていた。牛山恵「神になった鬼の子――消滅に求めた生の尊厳」は、「おにた」の「死」に積極的な意味を見出そうとする。「語り手は、女の子に愛情を感じてその願いをかなえるべく豆になった、鬼の子どもの献身の愛を語りながら、宿命を超えて生きる、そういう生と死を肯定的に語っているのだ」とし、次のように結論づけている。

結末で、語り手はおにたを語らない。女の子の祈りと希望を語る。「おにだって、いろいろあるのに。」というおにたの思いは「氷がとけたように」昇華したのだ。「とてもしずかな豆まきでした。」と語ることばの向こうには、消滅していったおにたへの鎮魂の祈りを見ることができる。語り手は、自らを消滅させて、女の子の願いに殉じたおにたの生に、女の子に対する献身の愛と共に、「いろいろあるおに」を命をかけて体現した、おにたの生きることの尊厳を語ったのだ。[10]

牛山の読みは、田中の他者への通路や村上の差別問題から遠ざかる結果となっている。鈴木正和は、牛山の読みを批判して次のように述べている。

したがって、母親に向けられた「女の子」の心中を語る〈語り手〉が、「消滅していったおにたへの鎮魂の祈り」や「尊厳」をも語っていると牛山が読むことは、「おにた」の死の結末「おにた」の生き方の潔さや生の尊厳を見ることに他ならない。「おにた」の「孤独の淵」を凝視し、その痛みの「深刻さ」と対峙することがないならば、「おにた」の生を語る作品全体の言語空間は蔑ろにされ、読み手の生を生かすことはできないと考える。[11]

また、牛山は「おにた」が「まめ」になることで「生の尊厳」を体現し、「神」になったと言い、「神」という言葉を字義通りに把握しているが、「おんなのこ」にとって「神」とは、服部康喜が言うように「一種の判断停止」であり、「他者は彼女の中で消去される」[12]という事態を意味していると見るべきだろう。

『おにたのぼうし』を了解し合えない他者との悲劇と見るのか、「おにた」は「かみさま」として「救済」され「生の尊厳」を示したのか。『おにたのぼうし』は二つの読みに引き裂かれている。「悲劇」と読むのか、「救済」「鎮魂」と見るのかでは、授業は違ったものになるであろうことは言を俟たない。牛山の読みは、語りを読んでいないことに起因すると言わざるを得ない。「鎮魂の祈りを見ることができる」のは牛山であって、語り手ではない。語り手が何を見、読者に何をどのように見せようとしているのかが問題とされなければならない。そのことを分析し可視化することが、二つに引き裂かれた読みを越えて、教材として価値ある読みにたどり着くことになると考える。

## 3 『おにたのぼうし』の語り分析

「第Ⅰ部第五章　教室で読むための語り分析の方法」において、ジェラール・ジュネットを中心としたフランスの物語論をベースとして、国語の授業における物語分析の指導過程について提案した。教材研究の範囲で言うと、概要は以下の通りである。

**Ⅰ　物語内容をまとめる**

①　初読後、あらすじを一文でまとめる（「機能」の明確化）。
②　登場人物の属性・役割をまとめる。
③　疑問や感想を出し合う（「指標」の掘り起こし）。

**Ⅱ　物語言説（形式）の特徴をとらえる**

④　構造を把握する（ストーリー／プロット、額縁構造など）。
⑤　時間を確認する。

**Ⅲ　語り分析**

⑥　語りの視点（三人称か一人称か）を確認する。
⑦　語りの速度（時間）をとらえる。
⑧　語り方の特徴について発表したり話し合ったりする。

次に、右の分析事項にしたがって、『おにたのぼうし』を検討していくことにする。

**Ⅰ　物語内容をまとめる**

①「おにたが豆になってしまう話。」とか「おにたがおんなのこに親切なことをするが、おんなのこには通じることなく、消えてしまった。」といったようにまとめることができる。

②登場人物は、「おにた」「まことくん」「おんなのこ」「おんなのこのおかあさん」の四人。登場人物について読者に与えられる情報は次のようになろう。

「おにた」―「きのいいおに」「はずかしがりや」。「きょねんのはる」から「まことくん」の「ものおきごや」にいることから、それ以前も人間に見つからないように隠れて過ごしていたことがわかる。去年の節分に別の家から逃れて「まことくん」のものおきごやに棲んでいたとも言える。[13]「おんなのこ」の前に出る時、「ぼうしを　ふかく　かぶった」とあることから、「おに」であることを知られたくないと思っていることが伺える。

「おんなのこ」―母が病床に伏せており、二人暮らしのうえに、食べる物もなく貧しい暮らしをしている。

③「まことくん」―固有名が与えられているが、「おんなのこ」には名前がない。

## Ⅱ　物語言説（形式）の特徴をとらえる

④このテクストの構成上おさえておきたいのは、「まめまき」にはじまり「まめまき」に終わるという点である。さらに、冒頭のまめまき「ぱら　ぱら　ぱら　ぱら」は、ラストシーンでは二行にわたっている。この差異に注目する必要がある。

「おんなのこ」と「おかあさん」と会話するのを聞いた「おにた」が、「おにたは　なぜか、せなかが　むずむずするようで、じっとしていられなくなりました」とあり、「おんなのこ」と会話する場面でも「あたしも　まめまきしたいなあ。」という言葉を聞いて「かなしそうに　みぶるいして　いいました」とあることである。「むずむずするよう」以後、「おにた」は「おんなのこ」のために食べ物を調達するばかりでなく、「にんげん」の前に出るという行動をおこす。「みぶるい」して後、「おにた」は「まめ」になることから、「むずむずする」「みぶるいして」はなんらかの重要な意味をもつと考えられる。

## Ⅲ　語り分析

⑥視点は、登場人物の外から語っており、三人称である。主に「おにた」の視点から語られること

が多く、「おんなのこ」の側から語られるのは、「おにた」がまめになって以後のことである。

また、語り手は、登場人物の心情を語るということをしない。人物の心情に介入しないことも特筆されてよいだろう。

⑧語り方の特徴として、以下の点をあげたい。

登場人物にはわからないが、読者にはわかるという仕掛けになっている。「おにた」が「ごちそう」を持ってきた理由も、「くろい　まめ」が「おにた」であることも、読者は知っているが、「おんなのこ」は知らない。すなわち、登場人物は知らないが読者は知っているということはふまえられてよいだろう。

また、語り手は登場人物の外から出来事を淡々と語り登場人物の内面に介入しない。登場人物の内言は括弧において表明され、外言は鉤括弧として区別される。

（にんげんって　おかしいな。おには　わるいって、きめているんだから。おににも、いろいろ　あるのにな。にんげんも、いろいろ　いるみたいに。）

「おににも、いろいろ　あるのに」は繰り返され、しかも二度目は、はっきり外言＝台詞となっている。

「おにだって、いろいろ
あるのに。おにだって……」

これは、おにたにとって多様な存在があることが核心的な考えであることを端的に示しており、注目されてよい。

したがって、基本的には、語り手は「おにた」や「おんなのこ」を見ていると同時に、「おにた」も「おんなのこ」を見る（「おんなのこが、でてきました。」）、あるいは「おんなのこ」から「おにた」を見る（「ゆきまみれの　むぎわらぼうしを　深くかぶった　おとこのこが　たっていました。」）という二重構造になっている。ただし、気をつけなければならないのは、「おにた」に寄り添って語る場面においても、「おにた」が家を出る場面は「おにたは、ものおきごやを　でていきました」「おにたは、もう　むちゅうで、だいどころの　まどの　やぶれた　ところから　さむい　そとへ　とびだしていきました。」とあり、語り手は建物（「ものおきごや」「トタンやねの　いえ」）の中から「おにた」を見送っている点である。このことは、語り手の位置が建物の〈内〉にいることを仄めかしている[14]。

次節において、以上の分析をもとに、読みに踏み込んで考察する。

## 4　『おにたのぼうし』の行為性

『おにたのぼうし』の語りの分析Ⅰ～Ⅲについて見てきた。これにとどまるものではないかもしれないが、分析の結果にもとづいた読みを検討したい。本論における『おにたのぼうし』の引用は、ポプラ社（一九六九年）に拠る。

このお話は、「まめまき」にはじまり「まめまき」に終わる（Ⅱ—④）。冒頭の「まめまき」が「げんきに」「ちからいっぱい　なげ」るのに対して、ラストは「とても　しずかな　まめまきでした。」と対照的である。冒頭の「まめまき」によって、「おにたは」「ものおきごや」を出なければならなかった。ラストのそれは、「だって、おにが　くれば、きっと　おかあさんの　びょうきが　わるくなるわ」とある。つまり、冒頭の「まめまき」は「おにはー　そと」のための「まめまき」であり、ラストのそれは、「おんなのこ」の家に幸福を招くための「ふくはー　うち」の「まめまき」であって、意味が異なる。冒頭の「ぱら　ぱら　ぱら」が一行なのに対して、ラストに置かれるのが二行なのは、「おにはー　そと」よりも「ふくはー　うち」の方に力点が置かれていると言って差し支えない。

端的に言って、『おにたのぼうし』は、〈外〉と〈内〉をめぐる話なのである。

一つのテクストの中に、世界は複数ある。これが、他のあまん作品にも見られる特徴である。例え

く

ば、『白いぼうし』では、「松井さん」と「たけのたけお」と「ちょう」という三つの世界を見ることができる。「おにた」と「おんなのこ」は対面し合っていても、まるで独り言を言っているような会話をする。対話の関係になっていない。Ⅱ—④で見たように、「おにた」はようやく自分の存在を承認してくれる相手を見つけた。「せなかが　むずむずするようで、じっとしていられなく」なるほどの衝撃を受ける。しかし、「おんなのこ」の「あたしも　まめまき、したいなあ。」という言葉で、ふたたび「みぶるい」する。「おにた」が納得できないのは、人間（社会）の、「おにた」の性格や信条や行動ではなく、「おに」という存在そのものへの偏見であり、存在そのものを不当に扱われるという理不尽さへの疑問である。人間社会という文化共同体（＝〈内〉）からは疎外された「おにた」にとって、節分の日に「ひいらぎ」も飾っておらず、「まめまき」どころか、「こめつぶ　ひとつ」ない家は同じく疎外されており、〈内〉の中の〈外〉に思われたのだろう。何も食べてはいないのに、病気の母に心配をかけまいと嘘をつく「おんなのこ」に、自分を重ねて見たのもゆえなしとしない。「（あの　ちび）」という呼び方は、すでに仲間意識の表れと見てよいだろう。しかし、「おんなのこ」の「あたしも　まめまき、したいなあ。」というたった一言で、近いと思っていた存在は、たちまち〈内〉から〈外〉の存在になる。「おんなのこ」は「おにた」にとっては重い存在であったが、この言葉で「おにた」は「おんなのこ」にとっては軽い、いや無きに等しい存在であることを突きつけられたのである。唯一望みを託した世界が〈内〉から〈外〉に反転した時、「おにた」に残された道は、再び〈外〉の世界で生きるか、〈内〉の世界にとどまるかの二者択一でしかない。先に述べたように、

「おに」のままで、〈内〉の世界に存在することはできない。「おにた」は、〈内〉であろうが〈外〉であろうが、存在は多様だと信じている。しかし、〈内〉と〈外〉では世界が違うのであり、二つの世界はそれぞれ相容れないのである。

〈内〉にいる者は、〈外〉の存在には無関心なものだ。〈内〉とは〈外〉があって〈内〉なのであって、〈外〉は〈外〉であったもらわねば困ると言うべきかもしれない。「おにた」は「きのいい」鬼である。人間にもいいことをいろいろしてあげる。しかし、自分が〈外〉に存在するからこそ、〈内〉があるのだということが「おにた」には見えていない。「おにた」や「おんなのこ」には見えていないことが、読者には見えるようになっている（Ⅲ—⑧）。

語り手は、「おんなのこ」の願いを成就させる「まめ」になるという消滅の仕方を与えた。「おに」であることを隠蔽するための「ぼうし」が、「おにた」の「おに」であったことを証立てる唯一の証拠となるという皮肉な結末を用意したのである。語り手は、存在にかかわる出来事を語るのに、安易に登場人物の心情を語るなどということをしないだろう（Ⅲ—⑥）。「おんなのこ」は知らないが、読者は知っているという語りの方略によって、読者は「おにた」の心情も、「おんなのこ」の気持ちも察することができるようになっている。それでは、語り手はどこにいるのか。Ⅲ—⑧で取り上げたように、「ものおきごや」や「家」の〈内〉である。「こうして、かさっとも　おとを立てないで、おにたは、ものおきごやをでていきました。」「だいどころの　まどの　やぶれた　ところから、さむいそとへ　とびだしていきました。」とあり、「おにた」が〈外〉へ出る時、語り手は二箇所とも〈内〉

から見ているのである。語り手は〈内〉にいる者の存在が〈外〉の者を排除・抑圧することで存在できていることを承知している。それゆえ、〈内〉の者が〈外〉の者の心情をたやすく語ったりはしないのだ。このことから、I―③で触れたように、「おんなのこ」に固有名が与えられないのは、語り手は「おんなのこ」でもあるからだと考える。語り手は、「おんなのこ」の無自覚な残酷さを引き受けつつ語っている。「まことくん」は、〈内〉から〈外〉を排除する側にいる。むしろ人間社会の典型であることから一般的な固有名を与えられる。しかし、「おんなのこ」は、無自覚とはいえ、自らの言葉で「おにた」を消滅に追い込んでしまう。人間社会に不可避的に生じる残酷さを誰かれの固有名に帰することはできないだろう。

〈内〉が〈内〉であるためには、〈外〉と差異化しなければならない。差異化は差別と紙一重である。〈内〉の維持・発展は、〈外〉の犠牲によって強固なものになる。このことは、「おにた」にとっては、理不尽なことだ。〈内〉にとっての〈外〉は、〈外〉からすればその〈内〉こそが〈外〉だからである。しかし、〈内〉は、自分たちが〈外〉だとはみじんも思わないのである。節分とは、「おに」を追い出し、「ふく」を招じ入れるための儀礼である。〈外〉と〈内〉を差異化し、〈内〉を〈内〉として、〈外〉を〈外〉としてより強固なものにする。そのことで、節目を超え、次の季節を迎えるのである。したがって、「おににも、いろいろ　あるのにな」という「おにた」の至極当然な思いは、そもそも通用しない。「おに」は〈内〉にとって〈外〉の存在であってもらわねばならないからである。この救いようのない悲しみが作品の深層を流れている。いかんともしがたい、この重い現実を、語り手は読者に差し出している。「おにた」の献身的な行動を、登場人物（「おんなのこ」）は知らないが、読者われわれ読者は知っているという語りの構造は、「おにた」の思いが、読者に向けられるよう機能している。〈内〉に籠もり、〈外〉を排除し差別していないかと自らに問うよう仕掛けられていると言ってもよい。Ⅲ―⑧で指摘した語りの構造がそれを読者に促している。いじめからテロリズムにいたるまで、〈内〉の必要性のために〈外〉を差別し排除してやまないのである。民族・国家・派閥・学閥・出身地・公園ママなど、人間は集団の中で、共通点を見つけてはグループを作り、それとは異質な存在とのあいだに一線を引く。そして、攻撃したり排斥したりする。看過してならないのは、異質な存在を排斥しようとする行為自体が、グループの集団としての関係性をより強固なものにしているという点である。つまり、他者を排斥することで〈内〉は強化されるのである。他者とは多様で異質であるがゆえに、向き合うことが求められるにもかかわらず、人間は〈内〉と〈外〉の境界をつくり、〈外〉=他者を差別し排除することをやめようとしない。「おんなのこ」の「ふくはー、うち」が、「おにた」の犠牲による「まめまき」であることを「おんなのこ」自身は思いもよらないように、〈内〉の成立と維持は、〈外〉への抑圧と排除に負うていることを人は知らないし、また知ろうともしないのである。激化する民族対立や紛争も、〈外〉の排除による〈内〉の成立という構造を見ることができるのではないだろうか。そして、そのような事態は、われわれの日常にも見られるものである。

「おにた」が呟くように、存在とは多様なものであるはずだ。しかし、「おにた」の消滅という出来事を生んだのは、「おんなのこ」であり、またわれわれであることに目を向けるよう語り手は仕向けている。それでは、なぜ、「おにた」は「おんなのこ」のために「くろい　まめ」になったのか。このテクストにとって核心的な出来事である。それは、「おんなのこ」の「まめまき」は、「まこと君」のそれとは異なり、母という他者のためのものだからだ。

「あたしも　まめまき、したいなあ。」
「なんだって?」
おにたはとびあがりました。
「だって、おにが　くれば、きっと
おかあさんの　びょうきが
わるくなるわ。」

「おにた」が「おんなのこ」を見て、「せなかが　むずむずする」くらい感激し、食事を探しにまで出かけたのは、ようやく他者のことを慮れる「にんげん」を見つけたからである。他者のために生きようとする「おんなのこ」に好意を抱いた以上、自分も「おんなのこ」という他者のために何かしてたい、いや、何かしてあげなければならない。「おんなのこ」の望みが「まめまき」というなんとも皮肉なものであるにせよ、他者のために生きようとする道を「おにた」は選んだということになろう。このテクストの核心的なところに「他者」をはずすことはできないのである。そのような語りの仕掛けを無視して、「救済」「生の尊厳」と読むことは、「おにた」の消滅をむしろ無駄にすることになる。〈死〉とは他者の承認なしには成立しないだろう。とすれば、「おんなのこ」は「おにた」の存在すら知らない以上、「おにた」の〈死〉を見届けるのはわれわれ読者をおいてほかにない。〈内〉にはらまれる〈外〉への差異化と排除に目を向け、〈内〉には思いも及ばない〈外〉なるものの存在の痛みや苦しみについて読者が思いをいたすよう作用しているのである。

# 第二章　『ごんぎつね』（新美南吉）

――語り分析による読みの深まり――

## 1　大学における『ごんぎつね』の授業

本学（愛知教育大学）国語選修、国語・書道専攻の一年生後期必修科目「国語科研究ＢⅡ」の中の教材研究（２）『ごんぎつね』の授業について報告する。

国語の学生は、一学年国語選修（初等）、国語・書道専攻（中等）を合わせて八〇名ほどの学生が在籍している。前期「国語科研究ＡⅡ」、後期「国語科研究ＢⅡ」に分けて履修することになっている。副免許取得のために、教育科学や特別支援の学生も履修しており、それぞれ合わせて一クラス五〇名以上の授業である。

授業全体としては、国語教育の歴史をたどりながら「国定教科書」「生活綴方」「単元学習」といった基礎的な事項について講じたり、「書くこと」や「読むこと」について概説したうえで、「言語論」「物語論」を説明した後、『おてがみ』（ローベル・小一、二教材）『ごんぎつね』といった教科書所収の教材研究を行っている。

『ごんぎつね』については、三時間完了で授業を行った。授業で使用した『ごんぎつね』の本文は、府川源一郎『「ごんぎつね」をめぐる謎』（教育出版、二〇〇〇年）所収、「資料　【ごん狐（「赤い鳥」所収のテキスト）】、【権狐　「赤い鳥に投ず」（草稿）】」である。ただし、引用における旧仮名は改めた。

本時の授業のめあては二つ。一つは、一般の読書とは異なり、子どもに教える、授業で扱うという観点から、テクストを方法的・分析的に読む。すなわち、教材研究の方法を習得するということである。いま一つは、方法的・分析的に読んでいくことでテクストの読みを深めることである。『ごんぎつね』では、主に語りの方法を用いる。〈語り〉については、「物語論」を扱った授業で説明してある。

一時間目
①プリント課題1
②『ごんぎつね』の書誌的事項についての概説
③本文の音読
④プリント課題2
⑤DVD『ごんぎつねと南吉』（半田市教育委員会企画、NHKプラネット中部制作）の鑑賞

二時間目
①プリント課題3をもとにしたグループ討論
②討論の発表

三時間目
『ごんぎつね』の講義

授業外にプリント課題4・5を書いて提出

プリントの課題は以下の通りである。

課題1　小学校時点で学習したことなど、『ごんぎつね』について記憶していることがあったら書きなさい。

課題2　一読後の読みをまとめなさい。疑問点や印象に残った点があったらあげなさい。

課題3　グループでの語り分析の結果をまとめなさい。

課題4　授業での語り分析についてまとめなさい。

課題5　授業後の『ごんぎつね』の読みについて書きなさい。

「課題1」は、『ごんぎつね』への興味・関心を喚起し、分析後の読みと比較させるためのものである。

「課題2」では、内容主義・主人公主義・心情主義と方法的・分析的に読むことの差異を明確化することをめあてとした。読みをまとめさせたのは「機能」を明確化させるためであり、「疑問点や印象に残った点」は「指標」に気付かせたいためである。

「課題3」は、方法としての語りについて、まずは自分たちの力で追究させようとするものである。〈語り〉について説明はしてあるものの、ただちに自《じ》家《か》薬《やく》籠《ろう》中《ちゅう》のものとはなりにくいことから、広く表現面も含めてテクストの形式的な特徴を明らかにさせようとした。

「課題4」と「課題5」は、丹藤の講義後各自でまとめ提出させた。

## 2　『ごんぎつね』分析の以前と以後

授業は、「課題1～3」と、「課題4・5」に大きく分かれる。語り分析以前と以後の読みの差異について明確化させようとした。以下、それぞれの課題についての学生の反応を紹介する。

課題1　小学校時点で学習したことなど、『ごんぎつね』について記憶していることがあったら書きなさい。

①私が小学生の時に読んだごんぎつねの感想は、ただただごんがかわいそうであったということです。悪さをしていたごんが反省し、何度もくりをいっぱい持って行って、なんとか罪を償おうとしていたのに、その結果が罪を償う相手に殺されるというもので、あまりにも残酷であると感じました。なので、あまり好きな内容ではなかったと記憶しています。〈菊川・男〉

②・あまり好きではなかった。

・兵十もごんもかわいそうな話だと思った。

・読んでいて悲しくなった。〈芝・女〉

③先生が「ごんぎつねのように、悪いことばかりしていると、誰にも信じてもらえなくなりますよ。」と言ったとき、私は友達と、「まるでごんが悪いことばかりしかしていないみたいだ。」と

話し、とても悲しくなったことを覚えています。〈羽田・女〉

④子供ながらもとても切なく悲しい気持ちになったのを覚えている。せっかくのうなぎをごんがとってしまったのも悲しかったし、ごんぎつねの行いが勘違いされて兵十が殴られてしまうのも悲しかったし、ごんぎつねが撃たれてしまうのも悲しかった。本文の最後の一文について授業で考えたのを記憶している。〈三川・女〉

⑤・がんばっても兵十に迷惑をかけるばかりで、結局兵十に殺されてしまう、むなしい話。

・一人ぼっちの子ぎつねがいたずらをしすぎて反省する。

・一生懸命罪ほろぼしをしようとしても、一回やってしまったことは元に戻らない。〈伊藤・女〉

⑥兵十に撃ち殺されたごんぎつねは可哀想だという印象があります。でも、いたずらばかりするごんだったから仕方なかったのだろうと思ったのを覚えています。小学生の頃は、このごんぎつねのテーマ・主題が何であったかをよく理解できていませんでした。〈黒岩・女〉

〈引用文における傍点、傍線は丹藤による。誤字・句読点・表現等適宜改めた。また、氏名は仮名である。以下、同様〉

学生にとって、『ごんぎつね』の記憶は、ごんは「可哀想」であり、『ごんぎつね』という作品は、「読んでいて悲しくなった」というものである。これは毎年の傾向と言ってよい。たいてい『ごんぎつね』は、「悲しい話」なのである。そして、①―菊川や③―羽田が言及する「罪」にかかわって道徳的な教訓を導き出しているものもある。③の場合、教師が道徳的な読みをしていることにも言及している。このような読みは、「第Ⅰ部第一章　教室における『読むこと』の課題」で指摘したように、「内容主義・主人公主義・心情主数」および「道徳主義」で読まれていることを端的に示していよう。

それでは、大学生になって改めて読んでみるとどうか。このことを次に見ることにしたい。

> 課題2　一読後の読みをまとめなさい。疑問点や印象に残った点があったらあげなさい。

⑦小学校の時にも感じたように、ごんがくりやまつたけを持っていくのを神様のおかげだと兵十が思っていることをごんが知った時に、不満そうにしているのはずうずうしいし、全然反省していないし、偉そうだなと感じました。また、兵十に撃たれて死んでしまうシーンは、とても悲しい気持ちになりました。〈鍋田・女〉

⑧兵十の母が死んだことを知ったごんが償いの気持ちで食べ物を届けたが、その気持ちとすれ違う兵十の反応が細かく描かれている。いたずらをするために、ごんを憎んでいた兵十と償おうとしていたごんが最後まで和解せずにごんが死んでしまった結末は悲しいものであった。〈武田・男〉

物語の構造分析および〈語り〉については、一時間を要して解説してあるが、⑦―鍋田・⑧―武田は「悲しい話」としている点からも、いまだ内容主義の範囲を出ていないことがわかる。方法としての〈語り〉を知るのは大学生になってからであって、高校までは「作者」としか教わってはいないのが実態である。しかし、〈語り〉を意識化して読もうとしている例もある。

⑨語りの構造が複雑だと感じた。冒頭部分では語りは「私」なのかと思うが、その少し後には、ごんの視点に変わり、最後の部分は兵十の視点になっている。また、ごんはなぜいたずらをしたのか。なぜ兵十の母の葬式の後、急に態度を改めて、つぐないを始めたのか。ごんの気持ちはなぜ兵十に伝わらないまま終わり、最後には心を寄せていた兵十に殺されてしまうのかという疑問がある。〈高山・女〉

⑩「私」という人物が、小さい頃に聞いた話を語っている形式をとっている。↓「私」は冒頭以外登場しないため一人称物語ではない。ごんが考えていることや思っていることにも言及できる三人称の視点からの物語になっている。ごんの内面から語っている箇所もある。〈淺川・男〉

⑨―高山は語り手の視点が転換していることに気が付いている。⑩―淺川は、語り手が「私」としてテクスト内に登場していることを指摘している。

二時間目は、六名ずつグループに分け、語りについて意見を交流させグループごとに発表させた。

ただちに「分析」とはいかないことも予想されたので、素朴な疑問や印象、気が付いたことを含めることでもよいとした。「素朴な疑問や印象」は読みの手がかりとなることもある。

次に、学生たちの〈語り〉分析を取り上げる。

課題３　グループでの語り分析の結果をまとめなさい。

⑪・語りについては、語り手が小さい時におじいさんから聞いた話を私が再構築した。
・語り手と中心人物に視点のズレがある。
・ごんが兵十に撃たれるシーンでは、ごんと兵十の視点の切り替えがある。
・ずっとごんの視点で語られているけど、ごんが殺されてからは兵十の視点になっていることに何かしらの意味がある。

「ごん」が撃たれる場面で、兵十の視点に変わるのは、読みにとってきわめて重要である。複数のグループから指摘があったように、大学生も比較的容易に気付くことだとわかる。

疑問や気付いた点として挙がったのは、次のような点である。

⑫・語り手は誰に話しているのか。

・なぜ茂平から聞いたことになっているのか。
・どうしてごんぎつねは、こんなにも兵十のことを気にかけているのか。
・茂平から聞いた話なのに、ごんの気持ちが語られているのはなぜ。
・神様のおかげだと言われて、なぜ「つまらない」と思うのか。

いずれも、読みにとって大事な疑問だと思われるが、発表時にはあえてコメントせずに、〈語り〉をふまえながら丹藤の読みを次の時間述べた。

## 3 『ごんぎつね』講義

「これまで、『ごんぎつね』の物語内容をまとめてもらい、物語言説については『赤い鳥』版と「スパルタノート」版の二種類があり、『赤い鳥』版は鈴木三重吉の手が入っていることなど解説しました。『ごんぎつねと南吉』というＤＶＤでも、それは確認できたと思います。

物語行為、すなわち語りについては、各グループで話し合ってもらいました。ナラトロジーについて解説をし、『おてがみ』では実際に語り分析をしました。『ごんぎつね』では、ずいぶん分析的に読めるようになったと思います。もちろん、まだ十分ではないけれど、みなさんの分析の中には、とても興味深い指摘もありました。「なぜ茂平から聞いたことになっているのか」、「どうしてごんぎつねは、こんなにも兵十のことを気にかけているのか」といった指摘は、読みにかかわるとても大事な疑問だと思います。とりわけ、「ごんが兵十に撃たれるシーンでは、ごんと兵十の視点の切り替えがある」点に気付けたのはすばらしい。

では、みなさんの分析をふまえつつ、ぼくの読みを述べることにします。ぼくの読みと言いましたが、『ごんぎつね』の先行研究は数えきれないくらいあり、ここでは、いちいち紹介することはしませんが、先行研究の恩恵に浴していることは言うまでもありません。

まず、どう読まれているかを簡単に紹介します。

与田準一という児童文学研究者は、南吉の死後刊行された単行本『花のき村と盗人たち』（昭和一八年）の解題で次のように述べています。「生存所属を異にする者同士の、流通共鳴」。与田の、このとらえ方は、以後、『ごんぎつね』ばかりでなく、南吉研究に影響を与えたようです。「ごん」と「兵十」に心の交流があったかどうかは、昔から意見の分かれるところで、みなさんに示した「スパルタノート」版では、「兵十」に撃たれた「ごん」について、「権狐は、ぐったりなつたまま、うれしくなりました」とあり、『赤い鳥』版では「ごんは、ぐったりと目をつぶったまま、うなずきました」となっています。「うれしくなった」なら、心の交流はあったと言えるかもしれないけど、「うなずきました」ではどうなのでしょう。この授業での本文は『赤い鳥』版としているので、「うなずきました」でとらえるにしても、心の交流があったかどうかはともかく、ここでは、少なくともくりやまつたけをもってきてくれたのは、「ごん」であることを「兵十」は認知したということを確認しておくことにしましょう。

次に、授業でよく目にするのは、「つぐない」から「友情」へという読みです。「つぎの日も、またそのつぎの日も」くりをもって「兵十」の家に届けるわけだけど、「つぐない」ならもう十分ではないか、毎日のように持って行った理由としては、「ごん」は「兵十」とお友達になりたいからではないかという読みです。いずれにしても、「ごん」にとって「兵十」は特別な存在となっていたことは確かだと言えると思います。

一番多い読みは、「ごん、かわいそう」「悲しい作品だ」という感想です。毎年、学生に聞いてますが、同じです。みなさんの感想でも、これが一番多かった。「くりやまつたけをプレゼントしたその兵十に殺されるなんて、なんてかわいそうなんだ」という感想が圧倒的に多い。しかし、これは、内容主義・主人公主義・心情主義による読みであって、語りを読んでいくと、かならずしも悲しいとばかりは言えない。

では、物語内容はどうでしょうか。一文でまとめるなら、「ごんが兵十と友だちになろうとして、くりやまつたけを持って行くが、かえって殺されてしまう話。」といったところでしょうか。出来事の中心、つまり機能は、ごんがくりやまつたけを兵十に持って行く行動と兵十に撃ち殺されることになると思います。

次に、語りに着目しながら読んでいくことにしましょう。本文のプリントを出してください。

冒頭「これは、私が小さいときに、村の茂平というおじいさんからきいたお話です」とあります。

「私」とは誰ですか？　これが語り手ですね。語り手が物語に介入しています。このテクストで、語り手が介入しているのは、この箇所だけです。それなりに意味があります。語り手は、わざわざ登場して何を言いたいのでしょう？　これから語る話は自分で知っているのではない、伝えられた話だということだよね。語りの現在は、このテクストが書かれた昭和のはじめ頃と推定できます。では、いつの頃の出来事なのか？　それは、「中山さまというおとのさまが、おられたそうです」とあることから、だいたい江戸時代の話だということがわかる。江戸時代から、ずっと今に伝えられている話だということをまず語っているわけです。

そして、主人公が紹介されます。「その中山から、少しはなれた山の中に、『ごん狐』と言う狐がいました」とある。これから語られる主人公について、まず、われわれ読者が与えられる情報は、「一人ぼっちの小ぎつね」ということです。「三」を見てください。

お母が死んでしまっては、もう一人ぼっちでした。

「おれと同じ一人ぼっちの兵十か」

このテクストには、地の文で二箇所、合計三箇所「一人ぼっち」という言葉が出てきます。「一人ぼっち」がキーワードであることは疑いようがない。

さらに、「森の中に穴をほって住んで」いたこと、いたずらぎつねとして知られたきつねであったことが付け加えられます。

「或秋のことでした」。このテクストの語りは、いわゆる三人称全知の視点だよね。このあたりから、このお話の出来事が始まります。と同時に「ごん」に寄り添った限定視点に変化しています。語り手は、「ごん」から「兵十」を見ているということになる。「二三日雨が降り」続いたため、やっと外に出ることができた「ごん」は、「ちょいといたずら」がしたくなる。雨が降り続いたことが、「ごん」のいたずらの伏線となっています。物語には、このような伏線があるので注意したいところだね。それと、この話は、けっして暗い風景ではなく、むしろ明るいことに気が付いたかな。「ところどころ白いものがきらきら光っています」とあります。また、「二」には「遠く向こうにはお城の屋根瓦が光っています」とあることからもわかると思います。さらに言うと、物語論の授業で少し触れたけど、「指標」というのがあって、これは、お話のストーリーやプロットとは直接かかわらないかもしれないけど、ある意味を添えるはたらきをするものです。例えば、「ひがん花がふみおられていました」とあります。「ひがん花」は、「彼岸」だから「あの世」もしくは「死」を彷彿とさせます。「彼岸花」は別名「狐草」とも言います。つまり、「ひがん花がふみおられていました」というのは、「ごん」の死を暗示していると見ることもできる。もう一つ例を出そう。「三」の冒頭を見てください。「兵十が、赤い井戸のところで、麦をといでいました」とあります。「兵十」は貧乏なのです。魚をとる時も「ぼろぼろの黒いきものをまくしあげ」とありました。「麦をといで」いたということは、米を食べているのではないということでしょう。現代では、健康のために玄米ご飯とか穀類がもてはやされているけど、昔は米を食べられない人が、麦を食べるわけです。つまり、「兵十」は貧しい暮らしをしている。あるいは、兵十は貧乏でなければならない（笑）。なぜかというと、兵十が金持ちだとすると、くりやまつたけをもらっても別にうれしくはないでしょ。

さて、話を戻そう。「ごん」はちょいといたずらをしようと思って、せっかく兵十が獲った魚を逃がしてしまう。うなぎは首に巻き付いたので、口にくわえたところを「兵十」に見られてしまいます。「うわぁぬすと狐め」。これが「兵十」の「ごん」に対するファースト・インプレッションです。しかし、実のところ、「ごん」は「いたずら」をしようと思ったのであって「ぬすと」ではない。事実、「ごん」は逃げ帰ってうなぎを「穴のそとの、草の葉の上にのせて」おいたことからもわかるように、盗んで食おうとしたのではない。つまり、何を言いたいかというと、「ごん」と「兵十」は、はじめからすれ違っているということです。

「二」では、「ごん」は村に何かイベントがあると判断します。「新兵衛の家内が、髪をすいて」いるのを見たり、「兵十」の家に「女たち」が集まっていることから、「葬式だ」「兵十の家のだれが死んだんだろう」と考える。「ごん」は、とても利口で賢いきつねです。人間界のさまざまな記号を解釈できる。また、「弥助というお百姓の家の裏をとおりかかりますと」とあるように、先回りして六地蔵さんの陰から見ていることからも、人間とは一定の距離を保ち、あくまで一線を画しているのです。ここでも、彼は「兵十」の母が亡くなったことを理解します。そして、穴の中で考え込んでしまう。いま、「ごん」は賢いきつねだと言いました。が、ここはどうでしょう。「ごん」の認識は正しいかな。「兵十」は亡くなりかけていた母に食べさせるために、うなぎを獲っていたのに、自分がいたずらをして横取りしたために、食べさせることができなかったと判断し、いたずらぎつねとして有名なきつねが、簡単に「ちょっ、あんないたずらをしなきゃよかった」と反省までしてしまう。ちなみに、みんなは、死ぬ間際にうなぎを食べたいと思いますか？　ぼくは、別の物がいいな……。まあ、いいや。「ごん」の行動に変化が見られることも注意したいところです。

「三」に行きます。先にも述べたように、「ごん」は「兵十」を「一人ぼっち」というように認識します。「ごん」に寄り添って語られているために、本当に「兵十」が「一人ぼっち」なのかどうかはわかりません。しかし、明らかに「ごん」の行動には変化が見られます。「いわし屋」、という魚の行商なのでしょうけど、「いわし」を盗んで、「兵十の家の裏口」から投げ込んでおきます。「ごん」としては、「兵十」の魚を逃がしたことから、「いわし」に思いが及んだのでしょうが、これがとんでもない被害を「兵十」に負わせる結果となる。そこで、くりやまつたけをプレゼントするという行動に切り替わります。

「四」を見てください。「月のいい晩」、たまたま「ごん」は「兵十」と「加助」に出くわします。しかも、「兵十」は「加助」にくりやまつたけのことを話してます。「ごん」にとっては、いよいよ自分のことを認識してくれたかと気になるところです。しかし、そうはならなかった。「ごん」は「おねんぶつがすむまで」待っていることになる。ここで、注意してほしいのは、「兵十」の次の科白です。「ほんとうだとも、うそと思うなら、あした見に来いよ。そのくりを見せてやるよ」。「兵十」が

「加助」に「あした見に来いよ」と言ったので、「ごん」は次の日のくりを持って行き殺されるということになります。「加助」が、もし次の日、「兵十」の家に行って、もしくりがなかったら「兵十」の面目は丸つぶれになるばかりでなく、自分がくりを持って行っていることの信憑性まで疑われることになるからです。

「五」へ行きましょう。「ごん」は、二人をじっと待ってます。そして、出てきた二人の後を追います。自分の存在が知られているかどうか気になるからです。「兵十の影法師をふみふみいきました」とあります。「ごん」の「兵十」に対する思いがあらわれていて、いじらしい感じさえしませんか？つまり、読者は「ごん」に感情移入するよう語られているわけです。

「六」の場面です。「そのあくる日も」「くり」を持っていくわけですが、やはり「裏口」から入ります。次の語りが重要だね。みなさんも気が付いていたところです。

　そのとき兵十は、ふと顔をあげました。と狐が家の中へ入ったではありませんか。こないだうなぎを盗みやがったあのごん狐めが、またいたずらをしに来たな。

「狐が家の中へ入ったではありませんか」の「狐」とは、「ごん」にほかなりませんから、語りの視点が、「ごん」から「兵十」に移動したことは明らかです。これまで、読者は「ごん」の視点でこの物語を読んできましたから、「ごん」の気持は手に取るようにわかる。しかし、「兵十」の気持はわからない。そういう語りの仕掛けになっている。つまり、読者は「ごん」の仕業だと知っているが、登場人物「兵十」は知らないということです。ここで、はじめて読者は、「兵十」が「ごん」をどう思っているのかがわかるのだけれど、それは「こないだうなぎを盗みやがったあのごん狐めが、またいたずらをしに来たな」というものです。つまり、「兵十」の「ごん」に対する気持は、うなぎを盗まれた時からなにも変化していないことが明らかになる。別の言い方をすると、「ごん」と「兵十」の互いに対する認識は、すれ違ったままなのです。語り手の視点の転換によって、読者はこのすれ違いを知ることになりますが、「兵十」としては、「ごん」はいたずらぎつねだとしか思っていないわけですから、当然撃ち殺そうとします。しかし、撃った後「家の中を見ると土間に栗が、かためておいてあるのが目につきました」とあり、くりやまつたけを持ってきてくれていたのが「ごん」だということを理解します。この部分の「かためておいてある」という表現に注意してください。「兵十」に気が付いてほしいという「ごん」の切なる思いが「かためて」置かせたのだとぼくは読みます。しかし、「ごん」は撃たれてしまいます。撃たれてしまうけど、「兵十」に自分の存在を認識してもらうことはできた。以前、『ごんぎつね』の授業を参観した時のことです。「ごん、死んでないよね」と発言した児童がいました。先生は、曖昧な返事を返していたように記憶してますが、「ごん」は死にました。「青い煙が、まだ筒口から細く出ていました」とあるでしょう。「青い煙」とは、線香のことではないですか？　語り手は、「ごん」を弔っているのです。

「ごん」が死んで、この物語が終わりなのではありません。「兵十は、火縄銃をばたりと、とり落としました」とあります。「兵十」にとってもショックなことがわかりますね。人間に、善行をしてくれていた狐を撃ち殺してしまったのですから。ここで、「四」「五」の場面が、なぜ語られていたのかがわかりますね。「おねんぶつ」というのは、仏教的な行事を指すと思われます。すなわち、「兵十」は信心深いのです。人間に対して、「いたずら」ではなく、善行をしていたきつねを殺《あや》めてしまったという思いは、「兵十」を何らかの行動に駆り立てるのではないでしょうか。少なくとも「加助」には話すでしょう。「ごん」を丁重に葬り、手を合わせるのではないか。きつね信仰は全国各地にあります。愛知県にも豊川稲荷という大きな神社があるよね。

村人のあいだで、それからずっと、「ごん」は語られてきたのです。それが、冒頭「これは、私が小さいときに、村の茂平というおじいさんからきいたお話です」と語られることの理由です。「ごん」は語り継がれ、いいきつねとして村人に愛されてきたことを暗示しているのです。

みんな「ごん」のことは「かわいそう」って言うけど、「兵十」だってけっこう「かわいそう」だよ。どうしてかって、せっかく獲ったうなぎは「ごん」に持っていかれるし、母には死なれるし、わけもわからず「いわし屋」にはぶん殴られるし、「加助」にはぜんぜん信じてもらえないし、人間に善行をしていたきつねを撃ち殺してしまい罪悪感まで持たなきゃならないことになる（笑）。「ごん」は、村人に語り継がれた、つまり愛されたのです。しかし、「兵十」はどうだろう。むしろ、かわいそうなのは、「兵十」の方かもしれない。

『ごんぎつねと南吉』というＤＶＤを見てもらいました。ぼくは、つねづね作者から読むのでなく、まずはテクストを自立した言語表現として扱いなさいと強調してます。しかし、国語教育では、いまだに「作者は何を言いたいのか」ということが問われていたりする。作家の伝記的な事実を根拠にして読んでいると言ってもいい。これは、くりかえし批判もしてきました。しかし、それは、作者なんかどうでもいいということを意味するわけでもないのです。むしろ、作者は、テクストを読み深めることによって向こうに見えてきます。ＤＶＤで、南吉は創作ノートに「ストーリーには、悲哀がなくてはならない。悲哀は愛に変わる」と書きつけてあったことが紹介されてたよね。『ごんぎつね』にしたところで、「ごんかわいそう」「悲しい話だ」という内容主義では、「愛」に変わってないでしょ。「愛」に変わるための仕掛けがテクストには構造化されています。別に、ぼくが無理矢理そう読めと言っているわけではない。語りの視点が転換することで、読者は「兵十」の立場から「ごん」を見ることを求められている。「ごんかわいそう」で終わる読みは、このテクストに構造化された視点の転換に応じていないからだとぼくには思われます。

さらにもう一つ言います。みなさんから出された疑問にもあったように、そもそもなぜ「ごん」は「兵十」にくりやまつたけを持って行ったのでしょう。「ごん」がいたずらを反省し、態度を改めたのは、「兵十」の母が亡くなったことがきっかけでした。一般に、友達になろうとするのは、その人となりがわかってからではないですか？　しかし、「ごん」は「兵十」の何を知っているでしょうか。「兵十」は、ぼくに言わせれば、どちらかというとユーモラスで愚鈍な人間として描かれています。「ごん」は、「兵十」その人と友達になりたかったのではなく、自分が母のいない孤独な身であることから、母を失った「兵十」は「一人ぼっち」で寂しいに違いないと思い込んでしまった。つまり、「兵十」という他者に孤独な自己を見たのです。先ほど、このテクストには「一人ぼっち」という語りが三度出てくることを確認したけど、「ごん」はお母さんがいなくて寂しかったんだね。賢い「ごんぎつね」も母のことになると認識が曇る。このテクストには、「ごん」の母のことは一言も触れていないけど、「ごん」の認識や行動の原因は、母の不在というところにある。これも、ＤＶＤで見たでしょう。作者南吉も四歳の時母を失い、祖母に預けられて孤独な幼年時代を過ごしたんだったね。

そろそろ時間が来たので、簡単にまとめをして終わりにします。

物語を表面的な主人公主義・内容主義・心情主義で読んではならない。作者の伝記的事実を根拠にして読んでも、読みは深まっていかない。機能を確認し、風景描写・色彩・伏線・指標などの意味を回復させながら、語りを分析的に読むことで読みは深められていく。新学習指導要領では、「深い学び」が強調されています。読みの教育で言うと、「深く読む」ということになる。「深く読む」とは、テクストの方法を読むことだと言っていいでしょう。テクストには独自の方法がある。その方法に着目することで、読みは深められる。読みが深められることで、教材としての意味や価値も見えてくるのだと思います。教材研究とは、教材としての意味や価値を引き出すことです。読み深めることで、テクストの向こうに作者も見えてきます。

『文学教育の転回』という本の「あとがき」にも書いたことですが、何年か前、教育実習の研究授業に行ったら、『ごんぎつね』を扱っていました。二時間目で感想を交流するというめあての授業でしたが、二番目に発言した、たまたまぼくの目の前にいた女の子が「ごんは、神様になったと思います」と発言しました。ぼくは、感心して、その後の授業の展開に期待したのですが、実習生は「はい、次の人」とスルーしてしまいました。その実習生は、端的に言って、『ごんぎつね』の読みを持っていなかったのです。もちろん、一年の授業で扱ったけどね。聞いてなかったのかな？ 寝てたのかな（笑）。実習へ行く前、よく学生から研究授業で扱う教材が決まったが、どう授業すればいいのかと聞かれることがあります。どう授業すればいいかは、ぼくではなくて教材に聞きなさいとまずは言います。授業で扱うなら、まずはその教材の読みをもつことが肝腎なのです。」

## 4 「子どもに教えたい」

『ごんぎつね』の〈語り〉を分析させたうえで、読みをまとめさせようとしたが、実のところ分析をするということは、すなわち読みを検討するということであった。

> 課題4 授業での語り分析についてまとめなさい。

⑬ごんが撃ち殺されてしまったことで悲しい話という読みをしてしまいがちだが、それは語りの

視点が冒頭のごんに寄りそう語りのまま最後まで読み通してしまう間違いである。最後のシーンで兵十に切りかわることで、はじめて兵十の気持ちがわかる。ごんと兵十の認識のギャップに注目すべきである。ごんの視点で語られていることから、読者はごんに感情移入して読み進めていく。しかし、視点が変わることで、読者の意識の外にあった兵十の気持ちに気付くことができるのである。〈橋口・男〉

⑭『ごんぎつね』は、冒頭の部分で「これは私が……聞いたお話です。」という文があり、語り手はここで登場する「私」であることがわかる。物語は、語り手が「ごん」に寄り添いながら語っていく三人称限定視点がとられている。語り手を通してごんの心情が語られているが、その心情と兵十の発言を比較すると、ごんと兵十のすれ違いの構造が明確に読み取れる。そして物語の最後の場面で語りの視点が移動し、兵十の視点で語られ、最後まですれ違いの構造が続いており、兵十の気づきによって兵十とごんが相容れることになっている。『ごんぎつね』を分析するときの重要な点は、ごんの視点で語られているため、読者はごんに感情移入しやすくなっていることを自覚する点と、語りの視点が移動することによって、ごんと兵十のすれ違いが明確になることを把握する点である。〈石川・男〉

⑮この物語は「悲しい話」「かわいそうなごん」といったように読まれることが多い。しかし、実際は「悲哀が愛に変わる」話であり、けっして悲しいだけの話ではない。このことは、物語の各所に見られる「光る」描写からも明らかである。この物語の最大のポイントは「視点の変化」

にある。作品のはじめでは「私が聞いた話」とあるが、途中「兵十だな」という表現から視点がごんに寄り添っていると考えられる。そして最後「狐が家の中に入ったではありませんか」という語りから、視点が兵十に移っていると考えられる。また、「ぬすと狐め」からは、兵十のごんに対する印象は、うなぎを盗まれた時から変わっていないことがわかる。対するごんは、兵十の母の死をきっかけに、いたずらをやめ、つぐないをするまでになり、兵十に心を寄せている様子が見て取れる。これは、「兵十の影をふみふみ行きました」という箇所からも読み取れる。このような変化の最大のポイントは、兵十の母の死、すなわちごんの母の不在である。ごんは兵十の中に母のいない孤独な自分を見出し、心を寄せたのだ。兵十とごんは互いの思いにすれ違いがあり、最後にごんは撃たれるという「悲哀」はあるが、この話が語り継がれたのは、兵十が周囲に話したからだと考えられる。語り継がれることで、ごんは多くの村人に愛されたのだ。まさに「悲哀は愛に変わる」話なのである。〈森山・女〉

丹藤の講義後、学生たちの多くは、もはや「悲しい話」とは読んでいない。ごんが可哀想と読むのは、ごんの視点のままであり、ごんに感情移入したまま読み終えるからである。しかし、実際は、語りの視点が「ごん」から「兵十」に移動するようにテクストは構造化されている。そこでは、「ごん」の「兵十」に対する気持ちと「兵十」の「ごん」に対する印象にはギャップがあり、「ごん」と「兵十」の互いに対する思いはすれ違っていることが露わになる仕掛けになっている。

講義で触れたように、「兵十の影法師をふみふみいきました」「家の中を見ると土間に栗が、かためておいてあるのが目につきました」（傍点は丹藤）とあることから、「ごん」の「兵十」に対する気持ちが並々ならぬものであることが伺える。そのような「ごん」の気持ちに「兵十」は、撃ち殺した後に気付くようになる。それゆえ「ごん」のことを語り伝えようとするにちがいない。少なくとも「加助」には報告するだろう。あるいは、そのような「ごん」の気持ちに報いることなく、自らの手で殺してしまったことに罪悪感を覚えるに違いない。そうして語り継がれたことは冒頭の「これは、私が小さいときに、村の茂平というおじいさんからきいたお話です」からも疑いようがない。「悲しい話」ではなく、「愛される」話だということに学生たちは気が付いたようだ。「ごん」が「兵十」にくりやまつたけを毎日持って行ったのは、母を失った「兵十」という他者に母のいない孤独な自己を見たからであった。「ごん」にいたずらを止めさせ、「兵十」に思いを寄せ、行動にかりたてた理由とは、母のいない孤独な心情なのである。

⑮―森山が「悲哀は愛に変わる」と述べていたのは、『ごんぎつね』のDVDを観せたことによる。この中に新実南吉が半田中学時代にノートに書きつけた文言として「ストーリーには、悲哀がなくてはならない。悲哀は愛に変わる」という一節がある。日ごろ、テクストを自立した言語表現として扱い、安易に作者を読みの根拠とするなと言い続けている。しかし、そのことは、作者はどうでもいいということではなくて、むしろテクストを読み深めることで作者は立ち現われてくるということを言いたいのであって、無視していいということではない。ここでは、内容主義・主人公主義・心情主義

に留まるのでなく、分析的に読んでいくことで「悲しい」から「愛」に変わるということを、作者の側面からも理解させることでより説得力を持たせようと考えた。別の言い方をすると、「悲しい」話として、視点の転換に応じることなく読み終えることは、この作品を読んだことにならないことを別の側面から理解させようとしたのである。

課題5　授業後の『ごんぎつね』の読みについて書きなさい。

⑯私は授業を受ける前までは『ごんぎつね』は可哀想なきつねの物語だと思っていました。うなぎを盗んだことを反省し、その代わりくりやまつたけを兵十のもとへ持って行ったのに、兵十はごんがやっていたことに気づかず最終的に撃ち殺してしまい、兵十は薄情なやつだととらえていました。でも、授業で『ごんぎつね』は悲しい物語ではなく、ごんは愛され語り継がれている物語であると学びました。途中まではごんの視点、三人称限定視点で語られているが、「六」場面の途中からは兵十の視点で語られていることを知りました。その視点の転換に気づかなければ、『ごんぎつね』を深く読むことはできないこともわかりました。ごんが賢いきつねであることがわかる描写も多く、逆に兵十は賢くない人物として描かれていました。兵十の家に入るときは、いつも裏口から入る、つまり人間とは一線を引いた関係をとっていました。また、お歯黒・髪をすくということから、いつもと違うことがあるのだろうと察知したり、うなぎを食べると精が出

ることを知っていたりと、人間界のいろいろな記号を見て解釈できる点からもごんの賢さがうかがえます。『ごんぎつね』の本文には、読者に推測させるための、多くのヒントが隠されていることも学びました。例えば、「ひがん花がふみおられていました」という文は、「ごん」の死を暗示しています。

いたずらぎつねとしてのごんが、あっさりと反省し、兵十にくりやまつたけを持って行ったのは、自分と同じ母がいない兵十となら寂しさを共有できるのではないかと考えたことによるという先生の読みにはなるほどなあと思いました。ごんは人間とかかわりあいをもとうとしたけれど、誰でもよかったのではなく、同じ母を失った兵十でなければならなかった。そのことは、作者である新実南吉の母に対する思いが強かったことからも伺えます。兵十とごんはすれ違っていましたが、語りの視点の転換で兵十はようやくごんを認識することができた。それが、悲しみから愛に変わることでもあることを学びました。『ごんぎつね』は、決して一人ぼっちで可哀想なきつねではなくなり、みんなに愛され読まれ継がれている物語であることもわかりました。『ごんぎつね』を授業するとしたら、この視点の転換を子どもたちに教えなければならないと思いました。

〈黒岩・女〉

⑰この授業を受ける前は、『ごんぎつね』は悲しくてせつない、救いようのないお話だと感じていた。しかし、語りの視点の移動に着目し、表現の分析をすることで、哀しいけれどあたたかい

お話だと感じるようになった。本文の言葉一つ一つにしても、そこから読み取れる情報はたくさんあり、それを知ることで作品の世界観をより理解することができるということもわかった。また、物語の語り方に目を向けて読むことで、作品本来の読みができるようになり、作品全体の感じ方も変わってくることを実感した。作品は読み方次第で全く印象が変わってくることがわかった。特に、読みが大きく変わったのは、視点の移り変わりに目を向けることで、ごんは死後に兵十によって語られ、村人に語り継がれていくことだ。それまでは、語りよりも物語の内容に浸ってしまい、ごんに感情移入するばかりで、語り手はどの位置から語っているのか、時間はどうなっているのか、兵十はどう思っているのかなどのことは気にもかけなかった。そのため、冒頭で茂平が語った内容だということがすっぽりと抜け落ちてしまい、今現在同時進行でストーリーが進んでいるかのように感じてしまっていた。しかし、いったん、ストーリーの外に身をおき、文章を表現や視点の移動などから分析することで、このお話が語られているよりも前の出来事であることや兵十とごんのすれちがいに気づくことができた。このことで、一人ぼっちでさびしく感じていたごんが、死ぬ間際ではあるが兵十に理解され、その後語りつがれるほどに村人に存在を認められ愛されることができたのだと気づいた。今までは、このことに気づいていなかったために、ごんにばかり感情移入し、ただ悲しいだけのお話で、ごんは母がいないために兵十に近づいていたのだということにも気づけていないかった。今回の授業で、今まで自分がいかに物語の読みができていなかったかということを体験した。もし、自分が教師になったら、教材ごとに自分の読みをしっかり持って、子どものたちの多様な読みに対応できるようになりたいと痛感した。

〈中川・女〉

⑱『ごんぎつね』のだいたいの読まれ方は、悲しい話であったり、つぐないから友情へ変化するものであったり、人間ときつねの心の交流を描いた話であるとされている。私も、この授業で『ごんぎつね』を分析するまで、『ごんぎつね』は悲しい話であると思っていた。しかし、『ごんぎつね』は決して悲しい話ではなく、「ごんぎつね」という一人ぼっちの小ぎつねが、やがて人から語り継がれ愛される話であることがわかった。このような心あたたまる優しい話であるとことを私は知らなかった。グループでの話し合いからもわかったことだが、『ごんぎつね』を悲しい話であると感じている人は多い。『ごんぎつね』の表面的な解釈ではなく、深く読まなければ分からない、本当の解釈を小学校で教えるべきだと感じた。本当は心あたたまる話なのに、「ごんかわいそう」「悲しい話だな」という読みで終わってしまうのはとても残念に思われる。

また、ごんはなぜ兵十にこだわったのかという着眼点も新しい発見であった。私は、小学校の頃、「ごんは、自分がうなぎをとって、兵十のお母さんに食べさせてあげられなかったことのつぐないのために、くりやまつたけをあげていたのに、加助が神様のおかげだと勘違いしたことを不満に思うのは、なんてずうずうしいやつだ」と思っていた。しかし、そうではなく、ごんは、本当は兵十と仲よくなりたかった、兵十の中に孤独な自分を見ていたということも学んだ。ごんの行動の背後にある心理は「兵十とだったら、母のいないさびしさを共有できるかもしれない」という思いがあるからだと知った。このことで、小学校の頃抱いていた疑問が解決した。また、「ごんはずうずうしいやつだ」という読みは見当違いだとわかった。夏に行った基礎実習で、『ごんぎつね』の授業を見学した。その際に子どもたちから出た感想の中にも、「ごんは、つぐないのためにくりやまつたけを持っていってたのに、不満そうなのはおかしい」という意見があった。『ごんは他者の中に自分を見ていたのだと教えてあげることができれば、そんな疑問も解決するはずである。また、小学校の時に、そんな読み方を教えてくれる先生に出会いたかったと思った。このお話を成り立たせている存在は「母」だということを強調して、しっかり子どもたちに伝えたい。ごんの孤独は母の不在によるものであり、兵十にこだわったのは、「兵十のお母」が死んだからだということで、作品はより理解できると思う。

また、『ごんぎつね』を解釈するうえで、一番大事なのは、最後のシーンで視点が切りかわることである。「狐が家の中へ入ったではありませんか」を境に、ごんから兵十に視点が切りかわる。このことで、それまでごんの気持ちしかわからなかった読者が兵十の気持ちもわかるようになっている。視点が変わることで、作品の理解も変わることを授業を通して子どもたちに教えたい。作者の新美南吉とからめて教えるのも面白いと思った。私が授業をする時は、『ごんぎつね』という話は決して悲しい話ではなく、むしろ一人ぼっちの小ぎつねが人々から語られ愛された心あたたまる、優しい話だということを伝えられるものにしたい。さらに、「ひがん花がふみおられた」という表現は、ごんの死を暗示していること、「青い煙」は語り手がごんを弔っていることなど、表現の意味にも注目させられるようにしたい。〈鍋田・女〉

プリントはほぼ全員提出したが、なかには「課題５」を書いていない学生もいれば、Ｂ５サイズの用紙いっぱいに埋め尽くしているものもあった。多くの学生は、「ごん可哀想」「悲しい話」という「課題１・２」の読みから離脱し、「心あたたまる」「優しい」話というように読みを変容させていった。⑰中川は、「物語の語り方に目を向けて読むことで、作品本来の読みができるようになり、作品全体の感じ方も変わってくることを実感した。作品は読み方次第で全く印象が変わってくることがわかった」といった文言からも伺えるように、読みは、読み方によって変わるということや、方法的・分析的に読むことの必要性を「実感」したようだ。「授業で『ごんぎつね』は悲しい物語ではなく、ごんは愛され語り継がれている物語であると学びました」と書いた⑯黒岩には、『ごんぎつね』という具体的な教材の読みを通してテクストの方法を読むことの重要性を理解できた様子が伺える。⑱鍋田のように「表面的な解釈ではなく、深く読まなければ」⑱ならないという自覚に至る学生を一人でも多くすることが授業のねらいであった。テクストの方法に着目することで、読みは深められる。そのことが面白いし、そこに教材としての価値も見えてくる。

そして、⑯黒岩は、テクストの方法を「子どもたちに教えなければならない」という思いに至り、⑱鍋田は「しっかりと子どもたちに伝えたい」「子どもたちに教えたい」と率直に述べている。教材研究をしっかりとしたら授業がしたくなるというのは、経験的に私もそう思う。どういう授業をしたらよいかは、教材が教えてくれる。教材研究は授業を楽しいものにすると常々口にはしているが、学生の時点で、子どもに教えたいという気持ちを持ってくれたことは望外の喜びであった。

# 第三章　『大造爺さんと雁』（椋鳩十）
―語りの無意識―

## 1　『大造爺さんと雁』という問題

『大造爺さんと雁』は、昭和二六年度学校図書『国語六年下』に採用されて以来、半世紀以上にわたって小学校国語教科書に掲載され続けている。「長期安定教材」とも呼ばれ、現在も五社が五年の教材として採用している。

しかし、教材としては、大きく二つの問題がある。一つは、「本文」あるいは「典拠」をめぐるものであり、一つは内容・価値にかかわることである。関口安義・宮川健郎・鶴田清司らによる研究が詳細な検討を加えており、詳しくはそちらに譲りたいが、概略のみ述べると次のようになる。

前者は、『大造爺さんと雁』の教材化において、きわめて特異な点であり、多くの先行研究が言及している。『大造爺さんと雁』の初出は、昭和一六年一一月『少年倶楽部』であるが、昭和一八年に単行本『動物ども』に収録される際、「前書き」が加えられ、文体も「です・ます」調に変更された。

以後、文学全集に収録されるに際して複数のヴァリアントを生むことになる。現行の教科書を見ても、教育出版は前書きがなく「である」調、光村図書は前書きがあり「です・ます」調となっている。それだけでなく、学校図書や東京書籍は前書きがないにもかかわらず、「です・ます」調になっている。さらに言えば、学校図書（平成二七年度版）の挿絵は「爺さん」というには若く、教育出版（平成二七年度版）は明らかに白髪頭の「爺さん」であり、東京書籍（平成二七年度版）のそれは後ろ姿のみ描かれ年齢不詳となっている。児童は、一社の『大造爺さんと雁』しか読まないとはいえ、現在も複数の本文があることに変わりはない。

後者は、内容的に「戦争」との親和性・関連性を否定できないということである。発表年月がまさに太平洋戦争に突入しつつある時期であったこと。発表された雑誌『少年倶楽部』は、国威発揚・戦争遂行に好意的なスタンスをとっていたメディアであったこと。そして、「さあ、いよいよ戦闘開始だ」「冷々する銃身をぎゅっとにぎりしめた」といった表現があることが理由にあたる。一九六〇年代・七〇年代には、教材化への疑問や批判の言説が散見される。一例をあげる。

「はやぶさと闘うガンの英雄的行為に象徴される責任感や闘争心。また、ガンと大造じいさんの知恵くらべにみられる闘争の遊戯化、日常化」などが、日本帝国の国策の好餌として利用される危険な一面を含んでいるように思われるのである。(1)

一方で、このような立場を否定する見方もある。大藤幹夫は右の引用について「テキストクリティークの不十分さが尾を引いた例である(2)」と一蹴している。鶴田清司は「こうした批判はまったく的はずれなものであった（今なお小学校の代表的な文学教材として親しまれていることを見てもわかる）。それは作品を時代背景と無理に結びつけようとした誤りである(3)」と全く問題にしていない。『大造爺さんと雁』は実践報告の数も夥《おびただ》しいが、管見の限りでは、最近この問題について触れられることはないようだ。ただし、今なお、小笠原拓は次のように疑問を呈している。

本作品が収められた『動物ども』が出版統制のきわめて厳しかった一九四三（昭和一八）年に文部省推薦図書として出版されていることなどを考え合わせたとき、どのような文脈で読まれていたかという点は無視できない問題として残るのではないかと考える。(4)

それでは現在小学校においてどのように受容されているのだろうか。まず指摘しなければならないのは、お話の設定自体が現代の子どもにとってわかりにくくなっている、ということである。そもそも「雁」を狩ることが生活のためだということが理解しがたく、「大造じいさんはなぜガンをうつの」「大造じいさんはガンがり以外に何をしているのだろう(5)」といった素朴な疑問が後を絶たない。

読みについてはどうか。成田信子は「これだけの期間消えることなく残っている何よりの理由は、現場の教師の支持が高いことであろう(6)」としている。では、なぜ「現場の教師の支持が高い」のか。

高木まさきは「指導している先生方に尋ねると、子どもに評判がよいと言う[7]」ことをあげている。それでは、子どもたちはどのような点に惹かれているのか。

残雪というのは、人間よりすばらしいと思います。私は、すぐいやなことがあると友達を助けず自分のことだけ考えるのです。もし、私が頭領ならハヤブサとはたたかわないかも知れません。残雪は自分の命も考えずハヤブサとたたかったので感動しました[8]。

子どもたちは、我が身を省みず「ハヤブサ」に立ち向かっていく「残雪」の「頭領」としてのリーダーシップ、もしくはそのヒロイズムに「感動」している。弱い者が危機に陥った時、強い者に立ち向かっていくヒーローが登場するウルトラマンやスーパーマンと構造上大差ない。それゆえ「人間よりすばらしい」という賛辞を惜しまない。しかし、それなら、マンガやアニメにおいても、しばしば子どもが触れるものであり、学校で読む教材としての価値という点では疑問を持たざるを得ない。

一方で、成田は、子どもたちが「残雪」に感動しているのに対して、教師は「大造爺さん」の「残雪」に対する見方の変容を授業の目標としており、教師と学習者との読みの「ズレ」を指摘している。教材価値にかかわる看過できない実態である。

こうしてみると、本文の問題もさることながら、内容的に「危険」なものであるのか否か、読むべきなのは「残雪」なのか「大造じいさん」なのか、子どもの反応と教材価値との関係をどう考えるのか、といったように問題の多い教材と言わねばならない。そもそも作品自体に、「作品のゆるみ」「〈語り〉の弱さ(9)」があると評されていることも想起されてよい。最も問題なのは読みであり内容的な価値にかかわることであろう。その点、前記小笠原は、「どのような文脈で読まれていたか」という過去を「無視できない」としているが、むしろ現代の子どもにとってどのような価値があるのか、あるいはないのかをはっきりさせておかなければならない。読む内容として価値があるのか、あるいは問題があるかどうかは、発表年月や掲載雑誌といったテクスト外の情報を参照するのではなく、作家の伝記的事実を根拠するのでもない。読みそのものとして問われる必要がある。

## 2　語ること／語らぬこと

「『大造じいさんとがん』という物語はいったい誰が語っているのでしょう(10)」という問題提起がなされたように、このテクストの語りをめぐっても諸説紛々とした観がある。しかし、構造上、語り手が「大造爺さん」の視点を通して「残雪」を語るということに疑問の余地はない。語り手が直接「残雪」を語るのでなく、老練な狩人である「大造爺さん」を視点人物に据えることで、「残雪」の評価は説得力を増す仕掛けになっている。北原保雄が指摘したように、語り手は「大造爺さん」の内面を直接話法的に語ったりするものの、「残雪」については「らしい」「ちがいない」といった推量表現を多用することからも明らかである。このことは、語りの焦点が「大造爺さん」ではなく「残雪」であるということを明瞭に示している。先に教師は「大造爺さん」の変容を読む傾向にあることを指摘したが、物語の構造上「大造爺さん」は「残雪」を賞揚するための手段にすぎない。語りたいのは、あくまで「残雪」なのである。プロフェッショナルな「大造爺さん」が「強く心を打たれ」「エラブツ」とすることで「残雪」は「英雄」として読者に印象づけられることになる。しかし、次に掲げるA・B・Cの三箇所の語りは、このテクストの語りの構造からは逸脱していることを看過すべきではない。

A　ところが、残雪はゆだんなく地上を見下《おろ》しながら群をひきいてやって来た。そして、ふといつもの餌場に、きのうまでなかった小さな小屋をみとめた。

B　残雪の目には、人間も隼もなかった。ただ救わねばならぬ仲間の姿があるだけだった。

C　残雪は胸のあたりを紅にそめて、ぐったりとしていた。しかし、第二の恐ろしい敵が近づいたのを感じると、残りの力をふりしぼって、ぐっと長い首をもちあげた。そして爺さんを正面からにらみつけた。

それは、鳥とはいえ、いかにも頭領らしいどうどうたる態度のようであった。

大造爺さんが手をのばしても、残雪はもうじたばた騒がなかった。それは、最後の時を感じて、せめて頭領としての威厳を傷つけまいと、努力しているようでもあった。

（椋鳩十「動物物語　大造爺さんと雁」『少年倶楽部』〔昭和一六年一一月〕。旧字・旧仮名は改めた。小論における引用もこれに拠る）

この点も多く指摘されるところで、「語り手の視点が、大造じいさんから離れて、がんの方に近づいている語り口である[11]」、「語り手みずからが残雪の行動を語っている[12]」、「語り手は「大造じいさん」の視点そのものに重なっている[13]」、「語り手は大造じいさんの心中を離れ、語り手による語りに変化している[14]」といったように、このテクストの語り分析にとって欠かせない要件となっている。語り手の意図が「大造爺さん」の主観として語られることが、このテクストの方略であるなら、なぜこの三箇所だけは例外的に「大造爺さん」という視点人物をとびこえて直接「残雪」を語るのか、ということである。それは、語り手がこのテクストの構造を無視してでも語りたいことであるにちがいない。Aは、「残雪」が利口で知恵者であることを暗示している。Bは、身を捨ててでも仲間を助けるというリーダーシップを強調したいのだろう。そして最も問題なのがCである。阿部真人は「大造の感動を決定的なものにしたのは、傷ついたのちの残雪の態度であったと思うのである[15]」とし、「そのけなげな姿には、名誉を重んずる武士道精神とでもいうべきものが秘められている[16]」と断じている。「武士道精神」かどうかは別としても「大造爺さん」の感動の中心はCにあると考えて差し支えないだろう。それでは、「大造爺さん」が「残雪」に最も感動したものとは何か。「最後の時を感じて、せめて頭領としての威厳を傷つけまい」ということである。いずれの教科書も「最期」（傍点は丹藤）となっている。死ぬ時も威厳を保とうとするところに「英雄」「エラブツ」としての「残雪」を見ている。

私は、ここで「生きて虜囚の辱めを受けず」という戦陣訓を彷彿としてしまう。実際に、沖縄戦をはじめとして軍人のみならず多くの「国民」が降伏を拒否し自害を選択したことで犠牲者が増えたことはあらためて言うまでもない。作者にそのような意図はなかったとか、小学生はそのようには読まないとか反論されるかもしれない。しかし、テクストの語りは無意識にそのことを語っていることを看過できない。集団自衛権の行使が容認され、なしくずし的に海外派兵の道が開かれようとしている今日、死ぬ時も威厳を持て名誉を守れといったメタメッセージが最大の眼目であるこのテクストを教科書に掲載していること自体、もはや許されることではない。

# 第四章　『雲』（あまんきみこ）

――戦争児童文学の読み方――

## 1　教科書における戦争児童文学

小・中学校国語教科書には、所謂「平和教材」「戦争（児童）文学」と呼ばれる文学教材がいくつか掲載されている（小論では以後、「戦争児童文学」とする）。平成二八年現在における作品をあげよう。

学校図書

小学校

六・上　『ヒロシマの傷』〈詩〉与田準一

中学校

1　『字のない葉書』（向田邦子）

2　『挨拶　原爆の写真によせて』〈詩〉石垣りん

3　『輝ける闇』〈小説〉開高健
　選択「黒い雨」〈小説〉井伏鱒二

教育出版
　小学校
　4上『一つの花』（今西祐行）
　6上『川とノリオ』（いぬいとみこ）
　中学校
　2　『夏の葬列』〈小説〉（山川方夫）
　　『字のない葉書』（向田邦子）
　3　『無言館の青春』〈読書〉（窪田誠一郎）

三省堂
　小学校
　四年『いわたくんちのおばあちゃん』〈読む〉（天野夏美）
　六年『猿橋勝子』〈読む〉（堀切和雅）
　中学校
　1　『字のない葉書』（向田邦子）
　2　『壁に残された伝言』〈報告〉（井上恭介）

東京書籍
小学校
四上　『一つの花』〈物語〉（今西祐行）
六　『ヒロシマのうた』〈物語〉（今西祐行）
中学校
1　『碑』〈読書〉（松山善三）
2　『字のない葉書』（向田邦子）
3　『生ましめんかな』〈詩〉（栗原貞子）
光村図書
小学校
三下　『ちいちゃんのかげおくり』（あまんきみこ）
四上　『一つの花』（今西祐行）
中学校
1　『大人になれなかった弟たちに……』〈物語〉（米倉斉加年）
2　『字のない葉書』（向田邦子）

物語・小説や詩ばかりでなく、「読書」「報告」まで含めるなら、戦後七〇年を数えてもなお、国語教科書には戦争関連の教材が掲載されていると言えよう。小学校では「物語」として、今西祐行の『一つの花』が三社に採用されており、中学校では向田邦子『字のない葉書』が五社すべてに掲載されていて定番化している。また、中学校では、文学よりも「報告・読書」といった説明文として掲載されており、「広島」「原爆」を取り上げながら〈戦争〉のことが扱われている。国語教育としてとり組まねばならない重いテーマであり続けていると言ってよいだろう。

戦後、「教え子を二度と戦場に送るな」というスローガンのもとに平和教育が強調され、戦争を扱った作品が教科書に掲載されていったことは歴史の教えるところである。しかし、時代を経るにしたがい、戦争は悲惨だ、二度と繰り返してはいけないといったステレオタイプな読まれ方にとどまっていることも従来から指摘されるところである。「反戦・平和」という教訓に集約され、戦争児童文学それ自体としての読みは充分検討されていないということである。言うまでもなく、「反戦・平和」を子どもたちに伝えていくこと自体不可欠であるが、一つの単語として概念的にしか記憶されないとしたら、それは平和教育と言っていいのか議論の余地はある。

もしかしたら、今日の戦争児童文学は、戦争を描きながら、実は楽観的な見通しのほうにかけつづけているのではないか。作家たちは戦争児童文学を書きつづけるということで、私たちは、戦争児童文学を読みつづけることで、安心しきっているのではないか(1)。

宮川健郎は、戦争児童文学が平和教育として機能しているのかどうかと疑問を呈している。戦争文学を書き、読むことが、はたして戦争を遠ざけることになっているのかというラディカルな問いである。

中村哲也は、次のように言う。

それ故、戦争体験者の減少による「戦争体験・戦争の記憶」の「風化」を問題視するだけでなく、戦争体験の「伝承」の風化を切実に問う必要があると思う。（中略）戦争を語り伝えること、「死せる他者」との対話の問題を国語教育はどう受け止めるのか、このことが「平和教材」を通して真摯に試されているのである。(2)（傍線は丹藤。以下、同じ）

「『戦争体験・戦争の記憶』の『風化』」という事態を前にして、戦争児童文学の読みは「切実」かつ「真摯」に向き合わねばならない課題である。それは「国語教育はどう受け止めるのか」という国語教育そのもののありようと不可分であるにちがいない。戦争文学の読みが具体化されないとしたら、それは国語教育そのものの問題であるという中村の指摘は傾聴に値すると言えるだろう。したがって、小論においては、教室における戦争児童文学の読み方について、あまんきみこ『雲』を「戦争体験伝承」のためにどう読むかの考察を通して検討したい。『雲』を選択した理由は、次の通りである。第一に、日本人による他国・他民族への加害を扱っている稀有な作品であること。第二として、戦場から遠い場所でなく、満州という最前線において一般人にとっての〈戦争〉が描かれていること。

## 2　戦争児童文学の読まれ方と読み方

戦争児童文学というと、テクストの背後にあるであろう戦争それ自体を知るというようにとらえがちである。子どもたちに、戦争の悲惨さ・残酷さ・理不尽さ・非人間性を認識させるということになる。しかし、それなら、映像を見せたり、第二次世界大戦のことを歴史的に教えた方が効果的である場合もあるだろう。

今回取り上げる『雲』の実践報告では次のように述べられている。

　教科書には、日本のアジア諸国への侵略を扱った作品はほとんどありません。それを題材にしている貴重な教材です。ただ満州国建国についてはまだ学習していないので、説明してから授業に入る必要があります。表現にこだわって、人物の気持ち・生き方を読みとり、想像するという文学の読みを深めながら、この物語に描かれているような歴史があったということを生徒に認識してほしいと思います。(3)

テクスト外の「満州国建国」の説明があり、そのうえで授業は行われ、その目的とするところは

「この物語に描かれているような歴史があったということを生徒に認識してほしい」ということになっている。「文学の読みを深め」ることが謳《うた》われてはいるが、結局読み取るべきは「歴史」となっている。ここでも、テクスト外の「事実（現実）」を読むということになっている。つまり、戦争児童文学を読むとは、テクストが表象する戦争そのものを認識することであり、それゆえリアリズムが優先されることになる。

渡辺善雄は、『ちいちゃんのかげおくり』の座談会において、ファンタジーにすることが死の美化になっているとか、「戦争の問題をはぐらかしてしまう」といった否定的な意見が見られることについて、「ファンタジーでは戦争の悲惨な実態は伝えられないと思いこんでいるのではないか」(4)と述べているが、ここにも戦争児童文学一般の読まれ方が端的に表れていると言ってよい。

戦争児童文学の読みでは、指示対象としての戦争との関係性という点が問題として浮上してくる。中村の言う、「平和教材」の読みが国語教育そのものとなって立ち現われてくるのは、まさしくこの指示対象、別の言い方をすればテクストの〈外部〉の問題なのである。

しかし、このことは、再三にわたって述べてきたことなのだが(5)、国語教育は、言語を言語外の「事実」や「作者の意図」を媒介する手段と見なす読み方から、いまだに脱却していない。宮沢賢治から漱石・鷗外にいたるまで、テクスト外の作家の伝記的事実を読みの根拠とし、テクストは作者の意図を媒介する道具でしかない。このような用具主義的言語観は、学習指導要領から日々の授業まで広く覆っている。それゆえ、戦争児童文学もまた、戦争を表象する言語やテクストよりも、その背後にある戦争を読むということになっている。言語論的転回以後の認識で言えば、世界は言語化されており、虚構テクストは実在の指示対象からは切れている。『ごんぎつね』を読む時、「ごん」というきつねが実在しようとしまいとかまわない。いや、むしろ、読者は「ごん」が実際に存在したとは思っていないだろう。「豆太」にしろ「おにた」にしろ、事情は同じである。しかし、戦争児童文学となるとテクスト外の〈事実〉〈現実〉もしくは〈歴史〉が実体的に存在するという前提に立ってしまうのだ。つまり、戦争児童文学の読まれ方も、つまるところ言語観という根本問題に突き当たってしまう。テクストの〈外部〉としての戦争を読もうとして、テクストそのもの、すなわち文学としての読みが捨象されてしまっている。テクストそれ自体の戦争の表象は、戦争そのものを伝えるという点では所詮不十分なものであり、結局は「満州国のことを説明してから授業へ入る」ということになる。すると、限られた文学的表象の中で戦争を理解しなければならなくなるが、『一つの花』にしても『ちいちゃんのかげおくり』にしても、戦争そのものがトータルに表象されるわけではないことから、結局は「反戦・平和」という教訓が導き出されて終わるということになる。

戦争児童文学は、やはり戦争そのものを表象するというより、戦争という情況に生きた人間を語るものだろう。歴史としての戦争、事実としての戦争ではなく、戦争によって苦難にあえぎ死んでゆかねばならなかった他者（死者）たちの出来事に立ち会い、目を見開いて、耳をすますことなのではないか。死者たちが、そのような状況で何を思い、どんな気持になったのかに思いを致すことによって、後に生きるわれわれの生は、挑発されもし、脅かされもし、励まされもするのだろう。しかし、戦争児童文学は「反戦・平和」という概念に変換されて終わることとなっている。そこでは、「伝承」もまた「風化」されていくのではないか。読み方そのものを変えなければならないだろう。テクストの〈外部〉から読むのではなく、テクストの〈内部〉から〈外部〉へと向かう道筋しかないのである。

次に、あまんきみこ『雲』を対象として、テクストの〈内部〉から〈外部〉へ向かう読みについて検討する。

## 3　『白鳥』と『雲』

先行するテクストとして『白鳥』（阿万紀美子作、どうわ教室編集委員会編『どうわ教室』、一九六七年）があり、後に『雲』として一九六八年九月に『日本児童文学』（第一四巻第九号）に掲載され、さらに『ぼくらの夏』（小峰書房、一九七〇年）に収められた。二〇〇二年三省堂『現代の国語1』に、改稿されたうえで初めて教科書に掲載された。小論での本文は、この教科書版とする。『白鳥』を含めて三種類の本文があることになり、『白鳥』から三〇年以上を経て、なお書き換えられている作品ということになる。

『雲』論は、論文の本数としてけっして多いとは言えないばかりか、『白鳥』との比較において論じられたり、教科書所収版との関係が取り沙汰されたりしている。

畠山兆子は、中隊長によって焼かれようとしている「満人」に向けて、「とんで、とんで！　みんな、とんで！」と叫ぶユキの言葉が、「ユキ」も含めた「満人」たちを白鳥にしたというファンタジックな展開が、『雲』ではなくなっていることに違和感を表明している。「白鳥が飛び立つ物語世界こそ、作者が模索すべき物語世界だったのではないか[6]」として、『白鳥』から『雲』への改稿そのものに疑問を呈している。

木村功は、『雲』が教科書採録時、さらに書き換えられたことについて、「教科書版は、このような後退したメッセージを生徒に向けて発信していると言えよう[7]」と述べている。「後退したメッセージ」とは、「満人」から「中国人」へと呼称が変わっていること、日本人と満人との支配／被支配の関係が消去されていることなどである。しかし、「満人」や「支配／被支配」といったテクストの〈外部〉を根拠にしてテクストの読みにまで踏み込むことは、先に述べたテクストの〈外部〉を実体化し根拠としてテクストを評価することになってしまう。これは、畠山にも言えることだが、テクストそれ自体を読みの対象とする立場から言えば、三種類の本文があるとしか言いようがないのであって、〈外部〉を根拠にテクストに優劣をつけることは、読みそのものから遠ざかる結果となっている。

松本議生は、『白鳥』から『雲』への改稿をファンタジーからリアリズムと押さえたうえで、それは加害者が被害者を語るという語り得ぬものを語ることが、ファンタジーとリアリズムを交錯させる手法となったと全体像を述べている。中隊長の「便衣隊」へのこだわりが「ユキ」や「中国人」の虐殺を招いたとし、「丘」が南北に分かれる境界線であることを言い、境界を超えることが「ユキ」が「アイレン」を他者として意識することになったとし、二人が「カササギ」となることがこの物語に詩的な完結をみせることになるとしている。松本は、中村の言う「戦争体験の伝承性」がこの物語にはあると言う。それは、『雲』の向こうに他者としての中国人を「幻視」することによって、「戦争の戦後責任が応答責任として委ねられていく[8]」ことになるからだとしている。『雲』は、渡辺の言う「太平洋戦争、敗戦、満州国の崩壊、ソ連軍の侵攻、混乱と逃避行、残留孤児の悲劇などを暗示しているのであろう[9]」といった解釈を超えて、その「向こう側」、つまり「戦後責任」や「応答責任」を示唆しているのである。

舟橋恵美は、『雲』は「表象の傲慢さ、暴力」が認められるとしている。

この物語の語り手は三人称であるが日本人側にいる。しかし、そうでありながら日本軍の残虐行為を批判する。この語り手は日本人側にいながら戦争加害者としての日本人を告発し、それによる免罪を意図している。また、日本人が中国人犠牲者の悲劇を語ることは代理表象＝誤表象であり、それを誤ったものとしない表象の傲慢さ、暴力が存在する。

「白鳥」から「雲」への改稿部分は非常に多いが、便衣隊について書かれた部分の改稿からは、戦争が民間人レベルまで個人化されており、それによって戦争が「善良な」民間人の選択によるものだったとして免罪化しようとするたくらみがみてとれた。また、その「善良な」民間人の代表である山内と日本軍の指揮をとる中隊長は、中国人たちへの態度から一見対立しているようにみえるが、その方法が異なるだけで、両方とも中国人たちを支配している点では同じである[10]。

舟橋の論では、このテクストが内包している「加害者」の問題も、「戦争責任」という課題も、不問に付されている。「つまり、『雲』は、戦争によって亡くなった人々の救済の可能性と不可能性を提示する両義的なテクストであると共に、誤表象にいかに向き合うかを考えさせる契機を持つテクストなのである」という一般論に解消されてしまい、『雲』の独自な存在意義さえ雲散霧消してしまう。看過できないのは、「その誤表象を正しいものとして自然に行ってしまう、表象の暴力が働いている」という見方である。舟橋がその根拠としているのは、上村忠男という歴史学者の映画『ショアー』に対する批評である。すなわち、「亡くなった者こそが完全な証人であって、生き残って証言する者は代理として語っているにすぎない」ことから、「これを『雲』に適用するならば、虐殺された中国人は語ることができないため、日本人側にいる語り手が、民間の日本人の総意としてその悲劇を語っているのだが、生き残った者が語っている時点でそれはあくまで証言の代行であり、真の証言にはなりえない」というものである。

事実を見てもいないのに、それを語るのは誤表象だという理屈を舟橋は上村から借りているのである。それゆえ、『雲』の語り手は、自分で見てもいないものを語っているから誤表象であり、誤って表象するのは暴力だと言うのである。しかし、少なくとも、文学の場合、必ずしも見たものを表象するわけではないから、舟橋の言い方によると、たいていの文学は誤表象である、ということになる。また、誤表象という概念は、「真の」あるいは「正しい」表象があることを前提とするが、表象それ自体デフォルメされたものであり、「真の」表象などありえない。一例をあげるなら、『高瀬舟』は、松平定信公が政治を執った時期のことであり、鷗外は見たはずがないことから誤表象だと言っても仕方ないのである。また、見たこともないことを表象することが「暴力」だというなら、表象すること自体、立場・意図・方略など、何らかの力学が働くことは不可避であり、それを暴力というのは、論者の恣意でしかない。いや、テクスト表象を「暴力」だとすること自体、論者の「暴力」だとどうして言えないだろうか。論者は暴力的に、テクストを「暴力」だと断罪しているのである。つまり、テクストを読むことは、読み手の意味づけ・価値づけを離れてはありえないのであり、それを客観的に、あるいは公平・中立的に分析することなど原理的に不可能なのであって、分析的・批評的なスタンスの違いはあるにせよ、意味づけから逃れられるものではないということである。もちろん、だからと言って、自分勝手な意味づけに頼って読めばいいということでもなければ過剰な意味づけに身を委ねればいいというものでもなく、テクストの方略に目を向けながら文脈上の意味生成や変形を意識しながら読むほかはない。テクストに別のコードを導入して裁断するのではなく、ここでは、むしろ、テクストの構造なり語りなり指標なりの意味とその意味作用にも目を向けることによって、テクストの行為性に向き合いたい。なぜなら、後に生まれた者にとって、どのような意味作用があるのかを見極めることによって、「戦争体験の『伝承』の風化」に抗う読みへと向かうことになると考えるからである。

## 4　テクストの〈外部〉へ

『雲』の物語内容は、「ユキ」と「アイレン」が非業の死をとげる話となるだろう。あるいは、「ユキ」と「アイレン」が惨殺され「カササギ」になった話とも言える。それだけ、「カササギ」は重要な意味を持っている。このテクストの機能は、「ユキ」が焼かれる中国人の炎の中へ飛び込むという行動にある。

語り手は、登場人物の外にいる、所謂三人称である。ほとんど「ユキ」に寄り添い、「ユキ」が死んでからは登場人物を等価に見据えている。「ユキ」に寄り添うことは、日本人の側から見ているということであり、「黒い風のように日本人の村や町をおそうといわれていた。」「村のはずれの高田さんの家に、火をつけたらしい」「できかけの校舎にもなぜか人影一つない。」といったように、中国人のことはわからないというスタンスをとっている。（　　）は登場人物の心内語もしくは内言を意味しており、「　　」の科白・外言とは区別されなければならない。

次に、いくつかの指標について、その意味を検討することにしたい。

a　二つの夢

荒《あ》れた土地を、思いっきり、〝開拓《かいたく》〟しようという夢をもっている人ばかりだった。

「昨日、あたし、いい夢、見たよ」

開拓民の「夢」は、荒れた土地を開拓して「豊かな緑の畑にしよう」という現実的なものである。「アイレン」のそれは、鳥になって「ツァオリン」の町の上を飛ぶという非現実的なものである。毎日、丘の上で会い、トンネルを作ったり、髪に「黄色のリボン」を結んだりしている。この「リボン」を火の中に見つけたことから、「ユキ」は火の中に飛び込むことになる。「黄色のリボン」は二人の友情や絆の証としての意味を持つ。一方、開拓民の「夢」は「きれいなことばを聞いたり読んだり」したことによる。「きれいなことば」は、無論「満州国」と同義である。開拓民の「夢」は、「ミオミ村」のように匪賊《ひぞく》らの襲撃によって村自体が殲滅《せんめつ》させられることからも、「夢」とはほど遠いものであることが読み進むにしたがって明らかになる。それに対して、「アイレン」の非現実的な「夢」はかなうという皮肉な結末が用意されている。

b　丘

「ユキ」と「アイレン」が丘で遊ぶのは、北に中国人村が、南に日本人村がある、その中間点だからである。松本が言うように、この丘は中国人と日本人の「境界」になっている。「ユキ」は、この丘を越えて中国人村に行くことはけっしてなかった（「アイレンの家は、できかけの校舎の裏側に回れ見えるはずだ」）。その境界を越えた時、悲劇が起こる。

c　カササギ

満州国という境界、中国人と日本人を区分けする境界。境界をめぐって人々は、争い殺し合う。そのような不毛な争いとは無縁な存在として「カササギ」がある。「中隊長」の命令による「中国人」惨殺という出来事の前に、「カササギの群れが、青空に飛び立った」とあるのは、「カササギ」は人間がしつらえた境界とは、無関係であるがゆえに、そのような惨劇からも自由であることを意味しているだろう。「ユキ」と「アイレン」は、死んではじめて憧れの「ツァオリン」の町へ行くことができた。「満州国」という人間の欲望、中国人を犠牲にしてでも保身に走る中隊長とは、異次元の象徴としてカササギはある。

d　雲

急に墨《すみ》を流したように暗くなった。雲が月を覆《おお》ったのだ。

この表現からも、「雲」とは不吉な出来事の前兆という意味を担っている。それゆえ、「その雲は、嵐《あらし》の前ぶれのように、恐《おそ》ろしい勢いで地平線に広がりだした。」という最後の一文の「雲」は、意味作用としては、その後の歴史的な苦難ばかりでなく、今現在も、いや、これからもわれわれの空にかかる雲かもしれないということも含意しているのではないか。現在の政治状況からしても「恐《おそ》ろしい勢いで」広がる危険はある。このような警告として受けとめたいと思う。

テクスト中の構造・語り・指標について分析的に意味づけてみた。そのことをふまえつつ、以下読みについて述べる。

先に、教科書版『雲』は、実際の戦争にまつわる問題から遠ざかることになるとした指摘を紹介した。しかし、むしろ、中学生にとって友達関係という、より切実な問題として読むことができるとは言えるのではないか。友達のために命をも顧みないという衝撃的な出来事から、では「ユキ」を火の中へ飛び込ませたものとはいったい何なのかを考えさせることで、それがやがて便衣隊との抗争、満州国の建設というように広げて行くことができる。つまり教科書版への改稿は、「友情」が前景化され中学生にとって身近な問題を扱い感情移入しやすくなったという点で、かならずしも、教材としては「後退」とばかりも言えない、むしろ、中学生にとっては、テクストの〈内部〉へ参入しやすくなったのであり、その分〈外部〉への通路も開かれたと考える。

このテクストは、言うまでもなく、「中隊長」による「中国人」殲滅と「ユキ」の死という出来事（クライマックス）が中心となる。中学生も、「ユキ」が火の中に飛び込み、命を落としたという出来事に関心を抱くだろう。授業においても、このことを中学生に考えさせたいところである。「ユキ」は、おにぎり一個を「アイレン」のために残し、生まれてくる赤ちゃんを心待ちにしているやさしい子どもである。境界を越えてから、心の中では、「（逃《に》げよう、南の日なたに逃げよう）」としている。しかし、心とは裏腹に、「ユキは持っているおにぎりの包みを握《にぎ》りしめたまま、一歩ずつゆっくりと進み始めた」。「その黄色がちらちら見え隠《かく》れするのを、じっと見つめながら、ユキは一歩ずつ前に進んでいった」ことからも知れるように、「ユキ」を前に進めたのは「アイレン」に結んであげた黄色いリボンである。そして、火がはなたれ、銃が撃たれた時、「飛んで、飛んで！　みんな、飛んで！」という叫びには、もはや「アイレン」ばかりでなく中国人全員に向けられている。「身をよじって、ユキは恐《おそ》ろしいほどの力で、山内さんの腕《うで》をかきむしった。すり抜けた。あっ、と思うまに、両手を広げ、飛ぶように火の中に落ちて行った」。中学生たちは、このシーンを読んで自分ならどうするかと発問されたら、どう答えるだろう。大方は、自分にはできないという結論に至ると思われる。そのことはけっして非難すべきことではない。誰しも火の中に身を投ずることなどできない。しかし、ここに、テクストの〈外部〉へと向かうべく突破口が開けている。つまり、そのように語らせた「内包された作者」にも、できなかったということだ。というより、作者だけでなく「山内さん」のように、日本人全体もまたできなかった。「きれいなことば」だけを与えられ、「夢」が潰えても、情況は悪化するばかりだった。「山内さん」のように、抵抗や反対は封じられるほかない。しかし、「雲」が暗示するように、それはさらなる災難をもたらすことになる。「中国人」の側に立つことができた唯一の日本人であり、それゆえ「カサザギ」となった「ユキ」に語り手は自由を与えたのである。日本人としてただ一人、焼かれる「中国人」の中へ飛び込むというプロットを用意しなければならなかった。その痛みに思いを致すことが『雲』の読みに求められている。自分はできなかったからこそ、せめて虚構の世界では身を賭して中国人を助けたかった。悔恨と苦渋が、『白鳥』を書かせ、三〇年にもわたって書き換えるという原動力となっている。そのような作家の痛みに立ち至った時、『雲』もまた平和教育の原動力となるにちがいない。

## 5　「風化」に抗う読みを求めて

国語教育の読み方は言語を実体的な媒介とし、テクストが媒介する指示内容を現前化しようとする。それゆえ、戦争児童文学もまた、テクストの背後の戦争それ自体を認識させようとしたり、戦争の悲劇を読んで終わってしまったりする。つまり、読み方それ自体が、戦争体験の風化を招いている。テクストの〈内部〉から〈外部〉へという本論の主張は、結局は〈戦争〉そのものを不問に伏してしまうのではないか、そのような危惧なり批判が出されることになるだろう。しかし、第2節の繰り返しになるが、テクストを媒介として〈外部〉としての〈戦争〉を教えようとすることが、かえってテクストの読みを「反戦・平和」という教訓に閉じ込めてしまう結果となっていることを看過すべきではない。子どもたちは、読まなくても「反戦・平和」と答えればすむと思ってしまう。戦争児童文学の読みもまた、授業という文脈においては制度化されているのである。〈戦争〉をリアルに、事実として教えたいなら、他のメディアによる方が効果的であろう。文学には、文学の表象の仕方、「伝承」の方法があるのであって、そのことをふまえないかぎり、「反戦・平和」という制度化された読みから脱却することはできないのではないか。

『雲』もまた、戦争の悲劇として読み終えられようとしている。しかし、テクストに配された指標、としての「雲」はその後の時代にもかかるものとしての意味を付与されており、そこにこのテクストの行為性を見ることができる。また、「ユキ」が火の中に飛び込むというクライマックスそれ自体が実はテクストの〈外部〉に出るよう構造化されている。確かに、「ユキ」と「アイレン」は、お互いの存在を気遣うことができるほど仲のよい友達である。しかし、友達であっても、火の中に飛び込むことが果たしてできるだろうか。「アイレン」だけでなく、なぜ「みんな、飛んで！」と中国人全体に「ユキ」の叫びは向けられたのか。ここで、戦争の悲劇、「ユキ」や「アイレン」は可哀想といった読みで終わるのでなく、あるいはプロットをそのまま受け取るのでなく、なぜ語り手はそのような出来事にしたのかといったメタレベルを考える必要がある。そこに、二人の友情を引き裂いたのは、「中隊長」であり、「中隊長」は満州国の軍人であり、満州国は日本人が中国に作った傀儡《かいらい》政権であり、日本人もまた「きれいなことば」によって騙《だま》された被害者でもあって……といった〈外部〉への通路が垣間見えるのではないか。

「ユキ」の投身は、便衣隊排除の大義のもとに罪もない中国人を虐殺する中隊長の命令が、日本人の犠牲者を生んでしまう結果となったという点で、「中隊長」の論理やエゴイズムそのものを無化する視座を獲得している。「ユキ」は一命を賭して、権力や暴力に抵抗したのである。中学生も含めて、われわれ読者は、「ユキ」が楽しみにしていた、まだ生まれていない「赤ちゃん」なのだ。しかし、その「赤ちゃん」にも、「雲」は「恐《おそ》ろしい勢いで地平線に広がり」だしている。このことを中学生に認識させられるかどうかが戦争児童文学を読ませることの意味として問われている。

# 第Ⅲ部　ナラティヴ・リテラシーの展開

# 第一章　詩教材と物語

## 1　「作文と詩の違い」

近現代詩の教育は不振だと言っていいだろう。センター試験には一度も出題されたことがなく、正解が複数あって学校の定期試験にも出しづらい。小・中学校国語の教科書には、各学年に、せいぜい一、二編が掲載されるだけである。管見の限りで言うと、小学校では音読してリズムを味わうことで事足れりとされており、中学校では情景や作者の心情が問われる程度にとどまっている。古典や説明文なら扱う意味はただちに思い浮かぶが、詩を扱う意味は判然とせず、なんだかよくわからない詩を授業で扱うのはめんどうなだけというのが実際のところではないのか。「観客様はみな鰯《いわし》／咽喉《のんど》が鳴ります牡蠣《かき》殻と／ゆあーん　ゆよーん　ゆやゆよん」（中原中也『サーカス』(1)）とあっても、ただちに意味が理解できないのはなにも生徒ばかりではないだろう。

詩教育が不遇をかこっているのは、広く社会の文化や言語の状況をもふまえる必要がある。このことは、かつて述べたことがある。(2) いま、必要なことは、現代の情報化社会の言語状況をふまえたうえで、国語教育における詩教材の意味と役割を再考する、いや再構築することではないか。その一助として私見を述べることにしたい。

毎年、愛知県岡崎市の教育研究大会のコメンテイターとして小学校作文の部に参加している。今年出されたレポートに次のような記述があった。

(1) はじめに

本校は、児童詩教育に力を入れている。朝の学級活動では毎週木曜日に詩を読む「詩タイム」が設けられている。また、毎年夏と冬に詩の集会が開かれ、全校で群読や詩に関するクイズをするなど、児童が詩に親しむ機会が多い。また、4月には「出会いの詩」、5月には「運動会の詩」、6月には「アジサイの詩」などの年間を通して季節や行事ごとに詩を創作している。

そのため、本学級の児童も詩の創作に対する意欲は高く、4月に「出会いの詩」を書く際には、「詩を書くのは慣れているからすぐ書ける」と、ほとんどの児童がすぐに書き始めることができた。しかし、出来上がった詩の内容を見ると、書きたいことが絞れず、本当に伝えたい内容を十分に伝えられない児童や、「詩は短く書くもの」と意識はしているものの、作文と詩の違いが曖昧で、意味のまとまりや改行を意識できていない児童が多くみられた。

これらの実態を踏まえ、自分の思いを作文ではなく詩にすることは、短く書くために書きたいことや話題を絞り、表現の仕方を工夫する力をつけられるのではないかと考える。
（傍線は、丹藤。以下同じ）

引用文にあるように、この小学校は学校全体として詩教育に取り組んでおり、毎年、詩を書かせるレポートが出てくる。「詩の集会」「群読」「詩に関するクイズ」など、「年間を通して季節や行事ごとに詩を創作」しており、詩教育としてはこれ以上ない環境と言ってもいいのではないか。にもかかわらず、「作文と詩の違い」が曖昧で、詩の創作にはなかなか至らないという実態が率直に述べられている。

この理由とは何か。ここに、詩教育を考える手かがりがあるように思われる。すなわち、詩に対する見方、あるいは詩をどう扱えばいいのかという問題であり、言葉を換えれば、詩と作文の関係についての再考が必要だということである。

他のレポートに、「本校では『生活に生きて働く「書く力」の育成』を研究主題とし、3年間研究実践を行った」とあるように、書かせることにおいては子供の「生活に生きて働く」ということが重視されている。この「生活」という要素が「書くこと」ばかりでなく、詩の創作にも強くはたらいていると言ってよい。この点、児玉忠は「日常生活における新鮮な驚きや素朴な発見を短い言葉であらわすことが期待されている(3)」と国語教育における詩創作の原理を的確に指摘している。つまり、児童詩においては、「日常生活」における発見を子どもなりに「短く」書くことが求められているのである。端的に言ってしまえば、児童詩は生活綴方教育のバリエーションなのだ。それゆえ、詩の方法も国語という教科も超えて、子どもの「生活」が中心的な課題となる。

さらに、児玉によれば、一九八〇年代に入り、国語教科書において詩のリズムや表現、さらにはことば遊びといった形式面が強調されるようになると、児童生活詩を推進してきた教師たちが「逆コース」という言葉まで用いて反発したとされ、次のように述べられている。

思うに、こうした教科書の読み教材に対する不満、そしてその背後にある韻文の存在を認めないような児童詩観が、少しずつ時代や社会の変化に対してズレや乖離《かいり》を引き起こしていたのではないだろうか。(4)

児玉の言う「時代や社会の変化に対してズレや乖離」とは、広く社会の文化状況ともかかわりがあると思われるが、詩の研究が内容的なアプローチから形式面への着目へとシフトしていった点も見逃せないのではないかと思う。

この頃、詩の研究に登場したのは、ロシア・フォルマリズムの形式主義、とりわけ「異化」論であった。「ロシア・フォルマリズム」とは、「第Ⅰ部第三章　物語の理論／語りの方法」でも触れたので詳述しないが、文学性の追究を企図し、しかも文学の文学たる所以は形式にあるという仮説にもとづいた研究を推進したことで知られる。ロシア・フォルマリズムは、フランスの構造主義に接ぎ木され、世界的に注目されることとなる。「異化」論においては、芸術の存在意義は日常的にわれわれの見方を非日常化する、「石を石らしく見せる」ためにあるとする。詩的言語は、日常言語に加えられる組織的な暴力であるとされた。異化論については批判もあるが、大衆文化の広がり・情報化の進展といった時代にあって、芸術や文学の存在意義を示し得たという点で注目された。詩教育の文脈で言うなら、詩は子どもの「生活」を捉える力というより、「生活」という日常を非日常化するものとして見られるようになったのである。

「内容」と「形式」の葛藤は、詩に特有なのではない。文学理論で言うなら、ジョルジ・ルカーチは文学には社会の現実が反映されており、文学を読むとは社会的現実を知ることだという社会的リアリズムへの道を拓いた。[5]一方、テオドール・アドルノは、文学という虚構は現実から離れるからこそ、現実を見ることができるとして虚構の優位を説いた。[6]文学は絵空事でなく、現実とも無縁でないとは言えるものの、その関わり方は大きく二つに分かれると言えよう。詩は、現実に密着させるためのものか、現実から引き離し非日常化させるためのものかで、詩教育の実践は異なるに違いない。歴史的には、言葉を子どもの生きて働く力とするためには模文模倣や美文・雅文を学ばせるのではなく、「生活」が欠かせない要件だとされたことは想像に難くない。子どもの「生活」が大事でないはずはない。ただ、現代の情報化／消費化社会における子どもの「生活」とは何だろう。放課後の塾での勉強のことか、家でゲームに興じることか、はたまたスマホで動画を見たりラインしたりすることなのか。子どもの生活の空洞化が言われて久しいが、生活綴方の時代とは様変わりしていることだけは確かだろう。

一方で、この百年の文学研究における行き過ぎた「形式」面の優位については、テリー・イーグルトンが批判するところである。あらためて「詩をどう読むか」(7)が問われている。イーグルトンは、詩の方法まで退けているわけではなく、むしろ方法を駆使しつつ批評へ向かうべきことを説く。詩的言語の批評性を探ろうとしているのである。ロシア・フォルマリズムのように、特権的に詩的言語の優位を言い募っても、「異化」は教科書の詩よりも、テレビのコマーシャルや「YouTube」の動画に、ふんだんに見出すことができる。資本主義への抗いとしての「異化」は、いまや資本主義を補強するためのツールと化していることは疑いようがない。「異化」は「異化」として機能していないということである。

歴史的・伝統的には、詩教育は「生活」への認識を深めさせるためのものであった。もちろん、フィクションとしての詩を書かせようとする実践もあるが、(8)主流は生活綴方なのである。国語教育研究においては、小海永二の詩情《ポエジー》を持たせる、(9)足立悦男の詩の見方を学ばせる、(10)西郷竹彦の文芸の方法により読み解く(11)といったような、詩そのものの教育が説かれた。実践では「内容」、理論では「形式」が強調されてきたわけである。そして、児玉忠は、両者を架橋するために詩の方法を習得させ、方法によって創作するという道筋を示した。ちなみに、「第一部第四章　国語教科書における物語分析」で、フランス中学校の国語教科書では詩教育が重視されていることを指摘したが、フランスでは、詩の方法を学ばせることが中心的な課題であって、子どもの「日常生活」という問題意識は見られない。

「作文と詩の違いが曖昧」という教師の疑問と戸惑いを考えるために、作文との差異をふまえる必要がある。なぜなら、小学生は、この時期、物語的な理解をしようとするからである。習得文字数や語彙数が飛躍的に増大し統語能力も伸びていくのが、小学校低・中学年なのであって、「短く」書かせること自体が、言語能力の発達とは逆の方向を向いている。それゆえ、作文のように書いてしまう。散文詩というカテゴリーがあるように、「短い」ことが必ずしも詩の条件なのではない。では、どうだったら詩なのか。子どもに詩を書かせるための詩の観点とは何か、読ませるにしても散文とは異なる詩の言葉の特徴とは何か。次に、そのことをナラティヴとの比較において考えてみたい。

## 2　反物語としての詩

詩もまた、言葉そのものであり、言葉以外の何物でもない。言葉である以上、物語化を免れない。しかも、ヤーコブソンが指摘したように、詩の言葉は言語そのものに関心を集中せざるを得ない[12]。実際、物語のような詩は少なくない。例えば、中学校や高等学校で国語教科書に採用される島崎藤村の『初恋』[13]を見てみよう。

まだあげ初めし前髪の

林檎《りんご》のもとに見えしとき
前にさしたる花櫛《はなぐし》の
花ある君と思ひけり

やさしく白き手をのべて
林檎をわれにあたへしは
薄紅の秋の実に
人こひ初めしはじめなり

わがこころなきためいきの
その髪の毛にかかるとき
たのしき恋の盃《さかづき》を
君が情《なさけ》に酌《く》みしかな

林檎畠《ばたけ》の樹《こ》の下に
おのづからなる細道は
誰《た》が踏みそめしかたみぞと

問ひたまふこそこひしけれ

七五調の文語定型詩であり、近代詩の曙《あけぼの》を告げるものとして人口に膾炙《かいしゃ》した詩である。しかし、次の点で物語の定義とも合致する。「われ」「君」という登場人物があり、林檎の樹の下での逢瀬という出来事がある。出来事があるということは、時間があるということでもある。「林檎のもとに」「君」が現れ（はじめ）、「林檎をわれにあたへ」たり、「たのしき恋の盃を／君が情に酌みしかな」という出来事（中）があり、それを過去のものとして思い出すという行為（おわり）がある。形式的には詩であるが物語的な構造となっている。詩の中の物語を読むことになる。したがって、生徒にとっても理解しやすい。

しかし、詩の言葉とは、むしろ物語や小説とは異なる点にアイデンティティーがある。

詩作品においては言語は疑いを知らぬ、反駁《はんばく》し難い、包括的な言語として自己を実現する。詩人は、自分が見、理解し、思考するあらゆる対象を、その自己の言語の眼によって、その内部形式において見、理解し、思考する。従って、その表現のためには、別の、他の言語の助けが必要だろうと思われるようなものは何一つ存在しない。(14)

ミハイル・バフチンによれば、詩の言葉とは対話に開かれてはおらず、それ自体自己完結的で「内部形式」に向かう点に特徴がある。つまり、自己言及的なのである。自己言及的であるがゆえに、言葉と言葉の関係が問題となる。レトリックが求められる所以である。物語論との対比で言えば、詩らしい詩とは、登場人物も出来事もなく、時間もない。宮沢賢治が詩のことを「心象スケッチ」と呼んだように、一枚の絵のように、いわばモノとしてそこにある。詩の言葉は物質性を帯びていると言ってもよい。

テクストは読まれることによって現象するから、物語や小説同様読者を必要とするのであるが、物語や小説のような仕方では読者を求めない。

レモン哀歌

高村光太郎

そんなにもあなたはレモンを待つてゐた
かなしく白くあかるい死の床で
わたしの手からとつた一つのレモンを
あなたのきれいな歯ががりりと噛《か》んだ
トパァズいろの香気が立つ
その数滴の天のものなるレモンの汁は
ぱつとあなたの意識を正常にした

あなたの青く澄んだ眼がかすかに笑ふ
わたしの手を握るあなたの力の健康さよ
あなたの咽喉《のど》に嵐はあるが
かういふ命の瀬戸ぎはに
智恵子《ちえこ》はもとの智恵子となり
生涯の愛を一瞬にかたむけた
それからひと時
昔山巓《さんてん》でしたやうな深呼吸を一つして
あなたの機関はそれなり止まつた
写真の前に挿した桜の花かげに
すずしく光るレモンを今日も置かう[15]

愛する人を亡くした語り手にとって、読者からの対話など無用だろう。読者は、ただ無言のうちに語り手に寄り添い、その悲しみと愛情、そして亡き「智恵子」の生の証でもあったレモンという形見に立ち会うだけである。「智恵子」の死は出来事として展開するわけでもなく時間は止まったままなのである。

詩は物語とは別の仕方で世界を表現する。むしろ言語の物語化に抗うのであり、物語的な理解や世界認識を拒むのである。

詩創作に教師が苦慮するのは、形式優位の詩に内容すなわち「生活」を求めるからである。また、反物語としての詩に、子どもの発見という物語を見出そうとするからである。詩を扱っていながら、詩からは遠ざかる結果となっている。この難問《アポリア》を乗り越えるためには、物語的な詩と反物語的な詩を区別することが不可避であろう。また、物語とは異なる詩には詩の独自の形式や表現方法に着目し、物語的理解を相対化し異化する、すなわち反物語としての詩の独自性に目を向けなければならない。

# 第二章　物語としての説明文

## 1　「説明文」はどこにあるのか？

学習指導要領では、文章は「文学的な文章」と「説明的な文章」に分けられる。また、教科書においても、物語・小説、説明文、随筆といったようにジャンルに分けられる。記号論的には、「文学的な文章」ではコンテクスト（文脈）、「説明的な文章」はコード（字義通りの意味）が優先される。そして、文学では感性が重視され、説明文では論理を問題とする仕方が一般的であるだろう。「第Ⅰ部第一章　教室における『読むこと』の課題」で述べたように、文学では「作者」が読みの起源とされ、説明文では「筆者」なる概念が設定される。筆者はイイタイコトがあって文章を書くのだから、文章を通して筆者のイイタイコトを受け取ることが説明文の読み方となる。これは、文学教材の扱いと構造的に同じである。ここでも、言語は意味を伝達するための道具なのだ。したがって、説明文では、筆者のイイタイコトに近づくために、要約させたり要点や要旨を把握させることが授業の中心的な課題となる。また、「事実」と「意見」に分け、段落ごとに要点をとらえる、段落ごとの関係を把握するといった作業が求められる。

しかし、これらは、書いてある文章なり語句なりを根拠とするという点で、言語を実体論的に把握しているのであり、文章は筆者のイイタイコトを反映したものとして扱うという点で、用具主義的な言語観の域にとどまると言わざるを得ない。くりかえしになるが、言語論的転回以後の言語観によるなら、言葉はだれかの視点によるものであり、「事実」を忠実に再現することは不可能である。したがって、言葉とはすべて「意見」にほかならない。ある事象を、単純に、あるいは正確に「説明」することは、原理的にできるものではない。それゆえ、「説明文」などどこにもないことになる。そもそも世の中に、事象なり事実なりを素朴に表象している文章などないのである。それは、小・中学校国語教科書の「説明文」は、そのほとんどが「書き下ろし」であることからも首肯されるだろう。小学校の説明文は、「説明」に終始していると言われるかもしれないが、誰かの視点によって書かれる以上、書き手なりの説明になっていることは否めない。小学生に向けて書かれるという時点で、すでに小学生向けという文脈が働くことは疑いを容れない。

「文学的な文章」とは、物語や小説のことであり、「説明的な文章」とは論説や評論のことを指すとされる。科学的な論文などは、およそ小説とは対極にあると信じられている。小説は作者の主観にすぎないが、科学的論文は主観を排し客観的なエビデンス（証拠）に基づくものである。科学的論文からすれば、物語など、客観性や合理性を欠いた、とるに足りない戯言《たわごと》でしかないのかもしれない。しかし、科学的論文も、ある独特の仕方で物語に依存していることを看過するわけにはいかない。科学的言説もまた正当化のために物語を必要としている。このことを、フランスの哲学者ジャン＝フランソワ・リオタールは次のように指摘している。

> 科学的知は、もう一つの知、つまり科学的知にとっては非知にほかならない物語的知に依拠しない限りは、みずからが真なる知であることを知ることも知らせることもできない。物語を欠けば、科学的知はみずからを前提とせざるを得なくなり、それは、それが非難するもの、つまり論点先取の虚偽、偏見のなかに陥ることになってしまう。[1]

近代になって登場した科学は、物語を否定しながら発展してきた。しかし、自らが「真なる知」であることを正当化するためには物語を必要とする。物語を批判しつつも実は物語に依存しているという自己矛盾をリオタールは突いているのである。

したがって、「文学的な文章」と「説明的な文章」といった二項対立的な見方は、一見便利でわかりやすいが、厳密に言うなら、無効であると言わねばならない。さらに、文学や科学という対立的な味方を前提とすると見誤ってしまう危険がある。

例えば、中学二年の説明文で『水の山　富士山』（丸井敦尚[2]）という教材がある。富士山は豊富に地下水を蓄えた山であることを述べたものであるが、「水」が「山」となることは自然界には「事実」としてはありえないことから、「水の山」とは比喩である。比喩と言えば、教科書的には文学に用いられるものと相場が決まっているが、説明文にも用いられている。というより、認識それ自体が、そもそもレトリカルなものである。この文章を「要約」すると「水を豊富に保有する富士山は人々にさまざまな恩恵をもたらしている」ということになるだろう。しかし、そのような事実確認的な表現より、「水の山」と端的で、レトリカルな言い方の方がわかりやすいことは言うまでもない。

次に、中学三年の説明文教材で『作られた「物語」を超えて』（山極寿一）を取り上げる。筆者は、三〇年にもおよぶ「調査」により、「ゴリラは好戦的で凶暴な動物だ」という「物語」は「人間のイメージによって作られたもの」であり「誤解」であるとする。そして、次のように敷衍化する。

言葉は人間の社会に知識を蓄積し、新しい技術や工夫をもたらして、人間が飛躍的に発展する道を開いた。しかし一方で、言葉には自分の体験を脚色したり誇張したりする力もある。実際には見ていないことを、あたかも体験したかのように語ることもできるのだ。(3)

このテクストでは「作られた『物語』を超えて、その向こうにある真実を知ろうとすること」(4)が推奨されるが、「物語」とは、そもそも、すべて「作られた」ものである。いや、むしろ、誰それによって「作られた」ものではなく、人々のあいだで自然発生的にゴリラは凶暴だというイメージが定着したことが問題ではないのか。中学校の授業で、ある生徒がなぜゴリラは凶暴だという物語が広まったかを探ることに意味があるのではないかと発言したのを聞いていて、その通りだと思ったことがある。

「言葉には自分の体験を脚色したり誇張したりする力もある。実際には見ていないことを、あたかも体験したかのように語ることもできる」という指摘は、一見正しいかのようである。しかし、この言語観は、「言葉には自分の体験を脚色したり誇張したり」しない言葉があることを前提としている。物語とは別の言葉があることを前提としているのである。物語は「誤解」を生むことになることから、物語の誤解を超えた先に、物語に「脚色」されない「真実」を知る必要があり、それは科学的「調査」によるほかはないという論旨となる。

「物語」ではない「真実」の根拠となるのは、「調査」すなわちエビデンスのことであろう。しかし、「調査」もまた言語化を免れない以上、物語化を避けられない。ゴリラは凶暴だというイメージが「作られた物語」だとしても、このテクストが言うゴリラ像もまた「作られた物語」ではないとどうして言い切れるだろうか。この文章の構成は、ゴリラは凶暴だというイメージがある（はじめ）→調査によってそうではないことがわかった（中）→作られた物語を超えて、その向こうにある真実を知ることが大事（おわり）といったように、物語的な構造に倣っている。物語に依存しつつ、物語を批判するというリオタールの指摘の例外ではない。実のところ、「作られた『物語』を超えて」という物語を語っていることになる。物語の「向こうにある真実」も、言葉によってなされる以上、「作られた物語」であるほかはないのである。物語とは無縁な「真実」なるものがあると言うことはできない。したがって、「作られた『物語』を超え」ることはできないという自己矛盾に陥らざるを得ないことになる。

先入観なりイメージなりで、簡単に物事を判断してはいけないというなら、それはその通りである。しかし、だからと言って、「調査」＝エビデンスによって物語を「超え」て、真実を知ることが世界と出会うことであるという論旨に対しては疑問を抱かざるを得ない。

国語教育では自明なこととされる「説明文」も、言語論的転回からすれば、むしろ物語に依存する。したがって、筆者のイイタイコトを要約し、ありがたく受け取るのではなく、テクストそれ自体、文章の方略そのものに目を向ける必要がある。「作者」同様、「筆者」もまた読むことにおいては、虚構化されるものである。そして、説明文においても、語り手を想定することは必然なのである。

## 2　説明文の語り手

「第Ⅰ部第一章　教室における『読むこと』の課題」でも述べたように、文学的なテクストを読むうえで、作者ではなく語り手という虚構上の主体を想定することは必須である。作者と語り手が分裂していることが、テクストを読むうえでの条件であった。説明文においても、筆者ではなく語り手とすべきである。理論的には、世界は言語化されており、言語化されているということは物語化されることであって、物語である以上、語り手を想定できる。また、テクストは、たいてい事後的に書かれたものであり、書くことと書かれることのあいだには時間的なギャップは不可避である。書かれるものやことは、書くことによって忠実に再現されるのではなく、変形や編集を免れない。語りによって新たに制作されるという点では文学テクストと変わらない。ただちに、テクスト外の筆者に還元するより、テクスト内で語り手がどのように語るかの方略や力学に目を向けることの方が、はるかに生産的である。

高校一年の定番教材である山崎正和『水の東西』で見ていくことにしよう。本文は、『国語総合』（教育出版、二〇一六年）に拠る。ちなみに、本教科書では、「評論」の扱いである。

高等学校の一年生の教材として長く採用される理由は何か。教材としての意図は、「学習の手引き」に明らかである。

1　筆者は「鹿おどし」と「噴水」とを、それぞれどのようなものとして捉えているか。本文中の対句表現をふまえながら、まとめてみよう。

2　「そういう思想はむしろ思想以前の感性によって裏づけられていた。」とはどういうことか、まとめてみよう。

3　なぜ、鹿おどしが「日本人が水を鑑賞する行為の極致を現す仕掛け」だといえるのか、まとめてみよう。(5)

（傍線は丹藤。以下同じ）

「鹿おどし」と「噴水」といった「対句表現」から、日本と西洋という二項対立を読むことに主眼が置かれるのである。実際本文において、次のように明確に表記されている。

流れる水と、噴き上げる水。

時間的な水と、空間的な水。

見えない水と、目に見える水。

本教材が、西洋と日本という二項対立に終わっているかというと、もちろんそんなことはない。「手引き　3」が問うているように、日本独自の文化を礼賛したいのである。しかし、その具体的な根拠が、明示されることはない。語り手の主観および語り方によって、そのことを達成しようとしている。「『行雲流水』という仏教的な言葉があるが、そういう思想はむしろ思想以前の感性によって裏づけられていた」とされる。しかし、思想以前の感性によって裏づけられているのは、日本というより、むしろ語り手である。

冒頭「『鹿おどし』が動いているのを見ると、その愛嬌の中に、なんとなく人生のけだるさのようなものを感じることがある」と始まる。「感じることがある」という叙述からも知れるように、「鹿おどし」を「愛嬌」があるものとし、「人生のけだるさのようなものを感じる」とする見方もまったく主観的なものであり、誰しもそのように「感じる」とは限らない。続けて「くぐもった優しい音をたてる」というのも、個人の主観の域を出るものではない。「私はこの『鹿おどし』を、ニューヨークの大きな銀行の待合室で見たことがある。日本の古い文化がいろいろと紹介される中で、あの素朴な竹の響きが西洋人の心を魅きつけたのかもしれない」となる。「西洋人の心を魅きつけた」かどうかはわからないから、さすがに「かもしれない」という推量表現となる。そして、「噴水」との比較がなされる。「噴水」は、日本にもあるが、「日本の噴水はやはり西洋のものほど美しくない」と否定される。しかし、「おそらく日本人は西洋人と違った独特の好みをもっていたのである」と、日本の独自性が「おそらく」と、また推量表現により判断される。

もし、流れを感じることだけが大切なのだとしたら、我々は水を実感するのにもはや水を見る必要さえないといえる。(6)

いつのまにか「我々」とされていることに注意が必要である。冒頭の「『鹿おどし』が動いているのを見ると、その愛嬌の中に、なんとなく人生のけだるさのようなものを感じることがある」のは個人の主観であるが、結論部にいたって読者は「我々」として、「日本人が水を鑑賞する行為の極致を現す仕掛け」であることに共感する、あるいは納得するよう仕掛けられているのである。

このテクストは、評論というジャンルに分類されてはいるが、「事実」ではなく「主観」によって成り立っている。しかも、結論に対する根拠や証拠が示されることはなく、「かもしれない」「おそらく」といった推量がなされるばかりである。推量の結果、「いえる」と断定される。西洋と日本という二項対立は、「正義」と「悪」、「ヒーロー」と「ヒロイン」といったように物語にはおなじみの図式である。二項対立は、世の中にあふれているが、それだけに危うい要素をもっている。「男／女」という二項対立は、ホモセクシャルの人には受け容れ難い図式だろう。「都会／田舎」の境界はけっして自明なものではない。二項対立とは、立場によっては暴力的ですらある。物語は虚構として受け取られることを前提とするが、ここでは、「流れる水と、噴き上げる水」というように、あたかも「事実」であるかのように語られ、「日本／西洋」の「対比」というように実体化される。先に述べたように、二項対立化が目的なのではない。日本の文化や美意識の独自性を、西洋に負けず劣らず優れたものであることを言いたいのである。そして、「我々は」という複数形を用いることで、読者も同じ認識に立つことを語り手は求めているのである。西洋に対する日本の独自性もしくは優位性という認識を共有することが、このテクストの欲望であり行為性であろう。

このテクストが、日本文化の優位性を言い、語り手がそのことを戦略的に伝えようとしていること自体を批判しようとしているのではない。あらゆるテクストは、読者に受け容れてほしいという欲望を持つであろうし、語り手はそのために機能するはずである。むしろ、テクストの語りや表現の方略を見ていくことによって、読者にどのように機能し行為化しようとしているのかを可視化することが、

「説明文」においても必要であろう。イイタイコトは、テクストの方略と一体なのである。要約・要点・要旨といった説明文読解三点セットは、抽象化には向かうものの、テクストの方略を見逃してしまうのではないか。筆者のイイタイコトが実体的に存在するという固定観念から解放されて、筆者ではなく語り手を想定して、テクストの内容と形式（方略）との相関を読むことが説明文の読みにも求められている。

# 注

## 第Ⅰ部　ナラティヴ・リテラシーの理論

### 第一章　教室における「読むこと」の課題

（1）White, Hayden. *Metahistory*, The John Hopkins University Press, 1973.
（2）ピーター・バーガー、トーマス・ルックマン『現実の社会的構成』、山口節郎訳、新曜社、一九七七年。K・J・ガーゲン『社会構成主義の理論と実践』、永田素彦・深尾誠訳、ナカニシヤ出版、二〇〇四年
（3）野口裕二編『ナラティヴ・アプローチ』、勁草書房、二〇〇九年。野口裕二『ナラティヴの臨床社会学』、勁草書房、二〇〇五年
（4）丹藤博文「〈文脈〉の読み方――文脈化／脱文脈化／再文脈化――」『全国大学国語教育学会・公開講座ブックレット④　国語科教材研究の方法――伝統的な言語文化・文学教材（現代文）――』（二〇一三年）参照
（5）ジェラール・ジュネット『物語のディスクール』、花輪光・和泉涼一訳、水声社、一九八五年、二一七頁
（6）『芥川龍之介全集　第三巻』、岩波書店、一九九六年、二一一―二一二頁。ただし、旧仮名は改めた。
（7）野家啓一『物語の哲学』、岩波書店、一九九六年、一〇六頁
（8）『走れメロス』については、丹藤博文『文学教育の転回』（教育出版、二〇一四年）参照
（9）『芦田恵之助国語教育全集　7』、明治図書、一九八八年、一四二頁

## 第二章　国語教育における言語の問題

（1）内田樹『こんな日本でよかったね――構造主義的日本論』、バジリコ出版、二〇〇八年、二〇～二一頁
（2）「言語論的転回」については、丹藤博文『文学教育の転回』（教育出版、二〇一四）および、丹藤博文「語り講座① なぜ「語り」なのか」（『道標』Vol.33、教育出版、二〇一六年九月）参照
（3）岡本裕一朗『いま世界の哲学者が考えていること』、ダイヤモンド社、二〇一六年、三五頁
（4）上野千鶴子『構築主義とは何か』、勁草書房、二〇〇一年、i頁
（5）前掲書、iii頁
（6）野口裕二『物語としてのケア』、医学書院、二〇〇二年、一七頁
（7）池田晶子「言葉の力」『伝え合う言葉　中学国語3』、教育出版、二〇一二年、一二四―一二五頁
（8）見田宗介『現代社会の理論』、岩波書店、一九九六年

## 第三章　物語の理論／語りの方法

（1）高田明典『物語構造分析の理論と技法』、大学教育出版、二〇一〇年、五頁
（2）ロラン・バルト『物語の構造分析』、花輪光訳、みすず書房、一九七九年、二頁
（3）毛利猛「教師のための物語学」『物語の臨界――「物語る」ことの教育学』、世織書房、二〇〇三年、三〇―三二頁
（4）野家啓一『物語の哲学』（岩波書店、一九九六年）、『岩波講座　哲学11　歴史／物語の哲学』（岩波書店、二〇〇九年）、『シリーズ物語り論　全三巻』（東京大学出版会、二〇〇七年）参照

（5）鹿島徹『可能性としての歴史——越境する物語り理論』（岩波書店、二〇〇六年）、貫成人『歴史の哲学——物語を超えて』（勁草書房、二〇一〇年）参照

（6）ピーター・バーガー、トーマス・ルックマン『現実の社会的構成』（山口節郎訳、新曜社、一九七七年）、ピーター・バーガー『社会学への招待』（水野節夫・村山研一訳、新思索社、二〇〇七年）、片桐雅隆『自己と「語り」の社会学』（世界思想社、二〇〇〇年）参照

（7）徳永進「〈エビデンス〉と〈ナラティブ〉」『図書』（二〇一四年一〇月）参照

（8）香川大学教育学研究室編『教育という「物語」』（世織書房、一九九九年）、西村拓生『教育哲学の現場——物語りの此岸から』（東京大学出版会、二〇一三年）、矢野智司『自己変容という物語』（金子書房、二〇〇〇年）参照

（9）この点、ジャン＝ミシェル・アダンは、「ある事件が一つの物語となるためには、それは、時間的に秩序づけられて一つの話を形成する少なくとも二つの命題の形で語られなければならない」としている。ジャン＝ミシェル・アダン『物語論——プロップからエーコまで』、白水社、二〇〇四年、一九頁

（10）野口裕二『物語としてのケア——ナラティヴ・アプローチの世界へ』、医学書院、二〇〇二年、二三頁

（11）フランク・ローズ『のめりこませる技術——誰が物語を操るのか』、島内哲朗訳、フィルムアート社、二〇一二年、一四頁

（12）（3）に同じ、二九頁

（13）石原千秋ほか『読むための理論』（世織書房、一九九一年）、土田知則・神郡悦子・伊藤直哉『現代文学理論』（新曜社、一九九六年）、土方洋一『物語のレッスン』（青簡舎、二〇一〇年）、橋本陽介『ナラトロジー入門』（水声社、二〇一四年）および『物語論　基礎と応用』（講談社、二〇一七年）、西田谷洋『学

びのエクササイズ　文学理論』(ひつじ書房、二〇一四年)、蓼沼正美『超入門！現代文学理論講座』(筑摩書房、二〇一五年)、松本和也『テクスト分析入門』(ひつじ書房、二〇一六年)、日本近代文学会編『ハンドブック　日本近代文学研究の方法』(ひつじ書房、二〇一六年)など。
(14)(2)に同じ、一二頁
(15)前掲書、三八頁
(16)ジェラール・ジュネット『物語のディスクール』、花輪光・和泉涼一訳、水声社、一九八五年、二八頁
(17)『伝え合う言葉　中学国語3』、教育出版、二〇一六年、一六二頁
(18)『ひろがる言葉　小学国語4下』、教育出版、二〇一五年、三〇頁
(19)『伝え合う言葉　中学国語2』、教育出版、二〇一六年、二〇四頁
(20)『新日本古典文学大系20　源氏物語　二』、岩波書店、一九九四年、一七六頁
(21)『新日本古典文学大系17　竹取物語　伊勢物語』、岩波書店、一九九七年、三頁
(22)野家啓一『物語の哲学』、岩波書店、一九九六年、一八〇頁
(23)『故郷』については、丹藤博文『文学教育の転回』(教育出版、二〇一四年)所収、「Ⅱ―4『故郷』(魯迅)――地上の道のようなもの――」参照。
(24)藤川大祐『ケータイ世界の子どもたち』、講談社、二〇〇八年
(25)ツヴェタン・トドロフ『文学が脅かされている』、小野潮訳、法政大学出版局、二〇〇九年

## 第四章　国語教科書における物語分析――フランスにおける中学校を例として――

(1)二〇一五年のバカロレア試験については、以下のウェブページによる。

「SOCIETAS」(http://societas.blog.jp/1031212143　二〇一六年二月五日閲覧)

(2) 飯田伸二「教科書の詩学 ── フランスのコレージュにおける国語教育の現状 ──」『Stella』No.27、九州大学フランス語フランス文学研究会、二〇〇八年、一〇四頁

(3) *Rives Bleues Français 6e*, Hatier, 2014, p.340

(4) *Ibit.*, p.341

(5) *Le couleurs du Frnçais 3e*, Hachette, 2012, p.34

(6) *L'oeil et la plume,Français 4e*, Belin, 2011, p.16

(7) *A suivre...,Français 5e*, Belin, 2013, p.12

(8) *Ibit.*, p.16

(9) *Ibit.*, p.16

(10) 中西一弘「〈学び方を学ぶ〉に特化したフランス語(国語)教科書──一九八〇年代以降の新編集による高校(リセー)用教科書の具体例1つ ──」大阪国語教育研究会『中西一弘先生傘寿記念論集』、二〇一二年、三〇五頁

## 第五章　教室で読むための語り分析の方法

(1)『少年の日の思い出』の語りを問題とした論文として、丹藤博文「語ること/語らぬこと ── 教材『少年の日の思い出』の読み ──」(『國語國文学報』第69集、愛知教育大学国語国文学研究室、二〇一一年三月)、「『少年の日の思い出』再論 ── 須貝千里氏の批判を受けて ──」(『國語國文学報』第71集、愛知教育大学国語国文学研究室、二〇一三年三月)がある。いずれも丹藤博文『文学教育の転回』(教育出版、

二〇一四年）に所収。

（2）例えば、丹藤博文「対話としての〈語り〉――『なめとこ山の熊』（宮沢賢治）の実践から――」（『月刊国語教育研究』、No.276、一九九五年、日本国語教育学会編）、「〈語り〉が拓く読みの地平」（『月刊国語教育研究』、No.514、二〇一五年、日本国語教育学会編）がある。

（3）平成二八年度の改訂により、『少年の日の思い出』において、語りを扱う中学校教科書は、四社に増えている。

（4）土方洋一『物語のレッスン』、青簡社、二〇一〇年、七六頁

（5）『E・M・フォースター著作集12　小説の諸相』、中野康司訳、みすず書房、一九九四年、一二九頁

（6）『新日本古典文学大系24　土佐日記　蜻蛉日記　紫式部日記　更科日記』、岩波書店、一九八九年、三頁

（7）『走れメロス』については、丹藤博文『文学教育の転回』（教育出版、二〇一四年）所収、「Ⅱ―3『走れメロス』（太宰治）――教材失格――」参照

（8）石橋邦俊「太宰治『走れメロス』とシラー『人質』」（『九州工業大学大学院情報工学研究科紀要　人間科学篇』第27号、二〇一四年三月）参照

## 第Ⅱ部　ナラティヴ・リテラシーの実践

### 第一章　『おにたのぼうし』（あまんきみこ）――存在の〈内〉と〈外〉――

（1）山元隆春「あまんきみこ『おにたのぼうし』論」『広島大学学校教育部紀要　第Ⅰ部　第九巻』、一九九七年、三四頁

（2）田中実「メタプロットを探る『読み方・読まれ方』――『おにたのぼうし』を『ごんぎつね』と対照しながら――」『文学の力×教材の力　小学校編3年』、教育出版、二〇〇一年、一九頁
（3）前掲書、二二頁
（4）鎌田均「『読み』のベクトル――『おにたのぼうし』の場合――」『日本文学』No.597、二〇〇三年三月、一五頁
（5）角谷有一「『おにたのぼうし』を読み直す――新しい文学教育の地平を求めて――」『日文協　国語教育』No.34、二〇〇四年五月、四二頁
（6）村上呂里「『おにたのぼうし』（あまんきみこ）再読――〈新しい作品論〉・〈新しい教材論〉との対話を求めて――」『日本文学』No.614、二〇〇四年八月、二六頁
（7）木村功「教科書教材を『読む』（Ⅳ）・あまんきみこ『おにたのぼうし』論」『岡山大学教育学部研究集録』第一二三号、二〇〇六年、二七頁
（8）前掲書、二八頁
（9）『西郷竹彦文芸・教育全集　8』恒文社、一九九六年、二六八頁
（10）牛山恵「神になった鬼の子――消滅に求めた生の尊厳」『文学の教材研究』、教育出版、二〇一四年、二一六頁
（11）鈴木正和「〈読み〉の成立を促す根拠を求めて――『白いぼうし』『おにたのぼうし』『天の町やなぎ通り』を中心に――」『日本文学』No.628、二〇一四年八月、四二―四三頁
（12）服部康喜「『おにたのぼうし』の〈語り〉とプロット――ポストモダンの入口と出口」『文学が教育にできること――『読むこと』の秘鑰――』、教育出版、二〇一二年、六七頁

（13）幾田伸司は「『今年』に連続する『去年』という時が設定されることによって、そうした排斥が反復されてきたことも示唆される」と指摘している（「語られなかった状況を読むことの可能性――物語テクストにおける登場人物の『不在』に着目して」『国語科教育』第70集、二〇一一年九月、三〇頁）

（14）成田信子に次のような指摘がある。

「語り手は、おにたが物置小屋を出るときには「ものおきごやをでていきました」とおにたの後ろ姿を見ている。そして町では語り手はおにたの少しあとをついていくようだ。（中略―丹藤）そして、次には語り手はおにたの視点にほぼ重なって天井の梁から女の子のうちの部屋を覗くことになる」（「新しい文学教育の地平――実践への『水路』――」『日文協　国語教育』No.34、日本文学協会国語教育部会、二〇〇四年五月、二四頁）

## 第三章　『大造爺さんと雁』（椋鳩十）――語りの無意識――

（1）日本文学教育連盟編『講座　日本の文学教育4』、新光閣書店、一九六九年、九〇頁

（2）大藤幹夫「椋鳩十作品の読者」『日本児童文学』第26巻8号、一九八〇年六月、三一頁

（3）鶴田清司『「大造じいさんとガン」の〈解釈〉と〈分析〉』、明治図書、一九七七年、六六頁

（4）小笠原拓「椋鳩十『大造じいさんとがん』の授業実践史」浜本純逸監修『文学の授業づくりハンドブック　第3巻』、溪水社、二〇〇八年、二一頁

（5）廣川加代子「『前書き』重視の学習が読みに与える影響――『大造じいさんとガン』――」『月刊国語教育研究』No.464、二〇一〇年一二月、五五頁

（6）成田信子「『大造爺さんと雁』考」『国文』87号、一九九九年八月、三七頁

（7）高木まさき「作品の面白さを生かした読みの授業のために――『大造じいさんとガン』を例に――」『横浜国大国語教育研究』20号、二〇〇四年六月、二頁
（8）『実践国語研究別冊　椋鳩十「大造じいさんとガン」教材研究と全授業記録』、明治図書、一九八七年五月、一二三頁
（9）田中実『読みのアナーキーを超えて』、右文書院、一九九七年、一〇一頁
（10）北原保雄「語り手の視点――『大造じいさんとがん』の場合――」『教科通信』、教育出版、一九八七年一月、一〇頁
（11）前掲誌、一二頁
（12）宮川健郎『国語教育と現代児童文学のあいだ』、日本書籍、一九九三年、一一五頁
（13）藤森裕治「『大造じいさんとガン』における『語り』と『視点』」『信大国語教育』19号、二〇〇九年一一月、三頁
（14）山本茂喜「『大造爺さんと雁』における語りの機能」『香川大学国文研究』第21号、一九九六年九月、一〇九頁
（15）阿部真人『椋鳩十文学の研究』、大日本図書、一九八四年、一六九―一七〇頁
（16）前掲書、一七一頁

**第四章　『雲』（あまんきみこ）――戦争児童文学の読み方――**

（1）宮川健郎『現代児童文学の語るもの』、日本放送協会、一九九六年、一七六頁
（2）中村哲也「物語られた『戦争』を読むこと――教材『ちいちゃんのかげおくり』――」田中実・須貝

千里編『文学の力×教材の力　3』、教育出版、二〇〇一年、五七頁
（3）福田実枝子「大切にしていきたい作品『雲』」『国語の授業』No.203、二〇〇七年一二月、二八頁
（4）渡辺善雄「『ちいちゃんのかげおくり』の方法と基底――あまんきみこの戦争児童文学――」（2）と同書、四三頁
（5）丹藤博文『他者の言葉』（学芸図書、二〇〇一年）、および『文学教育の転回』（教育出版、二〇一四年）参照
（6）畠山兆子「あまんきみこ初期作品の研究――戦争を素材とした作品のばあい――」『梅花女子大学表現学部紀要　2』、二〇〇五年、九九頁
（7）木村功『賢治・南吉・戦争児童文学』、和泉書院、二〇一二年、二六八頁
（8）松本議生「『雲』（あまんきみこ）を幻視する――『雲』の向こうに見えるもの――」『日本文学』No.582、二〇〇二年一〇月
（9）渡辺善雄、（4）と同書、四三頁
（10）舟橋恵美「『雲』――救済の（不）可能性――」『あまんきみこの童話を読む』、一粒書房、二〇一二年、一〇八頁

第Ⅲ部　ナラティヴ・リテラシーの展開

**第一章　詩教材と物語**

（1）『国語総合　改訂版』、筑摩書房、二〇〇八年

（2）丹藤博文「詩歌の学習指導の方法」全国大学国語教育学会編『新たな時代を拓く中学校・高等学校国語科教育研究』、学芸図書、二〇一〇年
（3）児玉忠『詩の教材研究』、教育出版、二〇一七年、一二三頁
（4）前掲書、四〇頁
（5）ジョルジ・ルカーチ『ルカーチ著作集2　小説の理論』、大久保健治他訳、白水社、一九六八年
（6）テオドール・W・アドルノ『美の理論』、大久保健治訳、河出書房新社、一九八五年
（7）テリー・イーグルトン『詩をどう読むか』、川本皓嗣訳、岩波書店、二〇一一年
（8）例えば、元名古屋市中学校教員の駒瀬銑吾は、生活よりも子供の想像力を重視した児童詩教育を実践した。『中日新聞』（二〇一五年九月二五日夕刊）参照
（9）小海永二『文学の教育・詩の教育』、有精堂、一九七七年
（10）足立悦男『新しい詩教育の理論』、明治図書、一九八三年
（11）西郷竹彦『詩の授業』、明治図書、一九八一年
（12）ロマーン・ヤーコブソン『一般言語学』、川本茂雄監修、みすず書房、一九七三年
（13）『伝え合う言葉　中学国語3』、教育出版、二〇一六年
（14）ミハイル・バフチン『ミハイル・バフチン著作集⑤　小説の言葉』、伊東一郎訳、新時代社、一九七九年、五三頁
（15）『伝え合う言葉　中学国語2』、教育出版、二〇一六年

## 第二章　物語としての説明文

（1）ジャン＝フランソワ・リオタール『ポスト・モダンの条件』、小林康夫訳、水声社、一九八六年、七七頁

（2）『伝え合う言葉　中学国語2』、教育出版、二〇一六年

（3）『国語　3』、光村図書、二〇一六年、一六二頁

（4）前掲書、一六四頁

（5）『国語総合』、教育出版、二〇一六年、五一頁

（6）前掲書、五〇頁

# 参考文献


フェルディナン・ド・ソシュール（1940）『一般言語学講義』、小林英夫訳、岩波書店

ジョルジュ・ムーナン（1970）『ソシュール　構造主義の原点』、丸山圭三郎他訳、大修館書店

――――（2001）『二十世紀の言語学《新装復刊》』、佐藤信夫訳、白水社

ジョナサン・カラー（1978）『ソシュール』、川本茂雄訳、岩波書店

丸山圭三郎（1981）『ソシュールの思想』、岩波書店

――――（1983）『文化記号学の可能性』、日本放送出版協会

――――（1883）『ソシュールを読む』、岩波書店

――――（1987）『文化＝記号のブラックホール』、大修館書店

――――（2001）『言葉とは何か』、夏目書房

E・F・K・ケルナー（1982）『ソシュールの言語論』、山中桂一訳、大修館書店

立川健二（1986）『《力》の思想家ソシュール』、水声社

立川健二・山田広昭（1990）『現代言語論』、新曜社

レイモンド・タリス（1990）『アンチ・ソシュール』、村山淳彦訳、未来社

前田英樹（1994）『言語の闇をぬけて』、書肆山田

――――（2007）『言葉と在るものの声』、青土社

――――（2010）『沈黙するソシュール』、講談社学術文庫版

フランソワーズ・ガデ（1995）『ソシュール言語学入門』、立川健二訳、新曜社
金水敏・今仁生美（2000）『現代言語学入門④　意味と文脈』、岩波書店
町田健（2003）『コトバの謎解き　ソシュール入門』、光文社
ジャン・スタロバンスキー（2006）『ソシュールのアナグラム』、金澤忠信訳、水声社
『思想　ソシュール生誕一五〇年』（2007.11）、岩波書店
互盛央（2009）『フェルディナン・ド・ソシュール』、作品社
小松英輔他（2011）『もう一人のソシュール』、エディット・パルク
ポール・ブーイサック（2012）『ソシュール超入門』、鷲尾翠訳、講談社
三輪伸春（2014）『ソシュールとサピアの言語思想』、開拓社
レフ・セメノヴィチ・ヴィゴツキー（1962）『思考と言語　上・下』、柴田義松訳、明治図書
C・オグデン、I・A・リチャーズ（1967）『意味の意味』、石橋幸太郎訳、新泉社
ローマン・ヤーコブソン（1973）『一般言語学』、川本茂雄監修、みすず書房
――（1984）『言語とメタ言語』、池上嘉彦・山中桂一訳、勁草書房
J・L・オースティン（1978）『言語と行為』、坂本百大訳、大修館書店
ロジャー・ファウラー（1979）『言語学と小説』、豊田昌倫訳、紀伊國屋書店
R・カワード、J・エリス（1983）『記号論と主体の思想』、磯谷孝訳、誠信書房
エミール・バンヴェニスト（1983）『一般言語学の諸問題』、河村正夫他訳、みすず書房
――（2013）『言葉と主体』、阿部宏訳、岩波書店
W・V・O・クワイン（1984）『言葉と対象』、大出晁・宮館恵訳、勁草書房

J・R・サール（1986）『言語行為』、坂本百大・土屋俊訳、勁草書房
土肥美夫他『講座　20世紀の芸術5　言語の冒険』（1988）、岩波書店
『岩波講座　言語の科学1　言語の科学入門』（1997）、岩波書店
マイケル・ダメット（1998）『分析哲学の起源　言語への転回』、野本和幸他訳、勁草書房
D・マクドネル（1990）『ディスクールの理論』、里麻静夫訳、新曜社
三浦信孝・糟谷啓介編（2000）『言語帝国主義とは何か』、藤原書店
フランソワ・レカナティ（2006）『ことばの意味とは何か』、今井邦彦訳、新曜社
中川敏（2009）『言語ゲームが世界を創る』、世界思想社
ジョルジョ・アガンベン（2009）『言葉と死』、上村忠男訳、筑摩書房
上田万年著・安田敏朗校注（2011）『東洋文庫　国語のため』、平凡社
ジャック・ランシエール（2013）『言葉の肉』、堀千晶他訳、せりか書房
藤平育子監修（2014）『抵抗する言葉』、南雲堂
佐藤俊樹・友枝敏雄編（2006）『言説分析の可能性』、東信堂
『ウィトゲンシュタイン全集1・6・8』（1975-1976）、大修館書店
ルートヴィヒ・ウィトゲンシュタイン（2010）『青色本』、大森荘蔵訳、ちくま学芸文庫版
アンソニー・ケニー（1982）『ウィトゲンシュタイン』、野本和幸訳、法政大学出版局
橋爪大三郎（1985）『言語ゲームと社会理論』、勁草書房
――――（2009）『はじめての言語ゲーム』、講談社
ヘンリー・ステーテン（1987）『ウィトゲンシュタインとデリダ』、高橋哲哉訳、産業図書

A・J・エイヤー（1988）『ウィトゲンシュタイン』、信原幸弘訳、みすず書房
C・マッギン（1990）『ウィトゲンシュタインの言語論』、植木哲也他訳、勁草書房
黒崎宏（1991）『「語り得ぬもの」に向かって』、勁草書房
――――（1997）『言語ゲーム一元論』、勁草書房
S・トゥールミン、A・ジャニック（1992）『ウィトゲンシュタインのウィーン』、藤村龍雄訳、TBSブリタニカ
中田勉（1994）『言語と「語りえぬもの」』、北樹出版
永井均（1995）『ウィトゲンシュタイン入門』、筑摩書房
丹治信春（1996）『言語と認識のダイナミズム』、勁草書房
ノーマン・マルコム（1998）『ウィトゲンシュタイン』、板坂元訳、平凡社
藤本隆志（1998）『ウィトゲンシュタイン』、講談社
黒田亘編（2000）『ウィトゲンシュタイン・セレクション』、平凡社
鬼界彰夫（2003）『ウィトゲンシュタインはこう考えた』、講談社
飯田隆（2005）『ウィトゲンシュタイン』、講談社
入不二基義（2006）『ウィトゲンシュタイン』、NHK出版
野村恭史（2006）『ウィトゲンシュタインにおける言語・論理・世界』、ナカニシヤ出版
中村昇（2009）『ウィトゲンシュタイン　ネクタイをしない哲学者』、白水社
野矢茂樹（2011）『語りえぬものを語る』、講談社
ポール・スタンディッシュ（2012）『自己を超えて　ウィトゲンシュタイン、ハイデガー、レヴィナスと言語

の限界』、齋藤直子訳、法政大学出版局
R・D・レイン（1975）『自己と他者』、志貴春彦他訳、みすず書房
三浦雅士（1982）『主体の変容』、中央公論社
新田義弘・宇野昌人編（1982）『他者の現象学』、北斗出版
大庭健（1989）『他者とは誰のことか』、勁草書房
D・デイヴィドソン（1990）『行為と出来事』、服部裕幸・柴田正良訳、勁草書房
エマニュエル・レヴィナス（1993）『われわれのあいだで』、合田正人・谷口博史訳、法政大学出版局
――――（1994）『固有名』、合田正人訳、みすず書房
――――（1997）『外の主体』、合田正人訳、みすず書房
――――（1999）『レヴィナス・コレクション』、合田正人訳、筑摩書房
――――（2001）『他性と超越』、合田正人・松丸和弘訳、法政大学出版局
内田樹（2004）『他者と死者』、海鳥社
――――（2008）『こんな日本でよかったね』、バジリコ
松永澄夫（1994）『私というものの成立』、勁草書房
ジャン＝リュック・ナンシー他（1996）『主体の後に誰が来るのか？』、港道隆他訳、現代企画室
浜田寿美男（1996）『「私」とは何か』、講談社
小林敏明（2010）『〈主体〉のゆくえ』、講談社
大森荘蔵（1971）『言語・知覚・世界』、岩波書店
――――（1996）『時は流れず』、青土社

リチャード・ローティ（1985）『哲学の脱構築』、室井尚他訳、御茶の水書房
ジャン=フランソワ・リオタール（1986）『ポスト・モダンの条件』、小林康夫訳、水声社
フレデリック・ジェイムスン（1988）『言語の牢獄』、川口喬一訳、法政大学出版局
――――（1989）『政治的無意識　社会的行為としての物語』、大橋洋一他訳、平凡社
――――（1993）『のちに生まれる者へ　ポストモダニズム批判への途』、鈴木聡他訳、紀伊國屋書店
ハンナ・アレント（1994）『人間の条件』、志水速雄、筑摩書房
ハンナ・アーレント（1994）『過去と未来の間』、引田隆也・齋藤純一訳、みすず書房
飯田隆他編（2001）『大森荘蔵セレクション』、平凡社
ロドルフ・ガシェ（2012）『いまだない世界を求めて』、吉国浩哉訳、月曜社
『アリストテレス詩学・ホラーティウス詩論』（1997）、岩波文庫
『マルクス=エンゲルス　芸術・文学論　②』（1967）、マルクス=エンゲルス全集刊行委員会訳、大月書店
レフ・ダヴィドヴィチ・トロッキー（1993）『文学と革命』、桑野隆訳、岩波文庫版
I・A・リチャーズ（1966）『文藝批評の原理』、岩崎宗治訳、垂水書房
――――（2008）『実践批評』、坂本公延編訳、みすず書房
ピエール・マシュレー（1969）『文学生産の理論』、内藤陽哉訳、合同出版
『ヴァルター・ベンヤミン著作集7　文学の危機』（1969）、高木久雄編集・解説、晶文社
『ヴァルター・ベンヤミン著作集2　複製技術時代の芸術』（1970）、佐々木基一編集・解説、晶文社
ルネ・ジラール（1971）『欲望の現象学』、古田幸男訳、法政大学出版局

ユーリー・M・ロトマン（1978）『文学理論と構造主義』、磯谷孝訳、勁草書房
アンゼェロ・マルケーゼ（1981）『構造主義の方法と試行』、谷口勇訳、創樹社
ツヴェタン・トドロフ（1974）『小説の記号学』、菅野昭正・保苅瑞穂訳注、大修館書店
――――（1991）『批評の批評』、及川馥・小林文生訳、法政大学出版局
――――（1999）『幻想文学論序説』、三好郁朗訳、創元社
――――（2009）『文学が脅かされている』、小野潮訳、法政大学出版会
ラマーン・セルデン（1989）『ガイドブック　現代文学理論』、栗原裕訳、大修館書店
――――（1994）『現代の文学批評』、鈴木良平訳、彩流社
ケネス・バーグ（1974）『文学形式の哲学』、森常治訳、国文社
――――（1982）『動機の文法』、森常治訳、晶文社
ヤン・ムカジョフスキー（1975）『チェコ構造美学論集』、平井正・千野栄一訳、せりか書房
ハンス・ロベルト・ヤウス（1976）『挑発としての文学史』、轡田収訳、岩波書店
ローマン・インガルデン（1982）『文学的芸術作品』、瀧内槙雄・細井雄介訳、勁草書房
ウォルフガング・イーザー（1982）『行為としての読書』、轡田収訳、岩波書店
『ミハイル・バフチン著作集⑤　小説の言葉』（1979）、伊東一郎訳、新時代社
テオドール・W・アドルノ（1985）『美の理論』、大久保健治訳、河出書房新社
ホルクハイマー、アドルノ（2007）『啓蒙の弁証法』、徳永恂訳、岩波文庫版
ハンス＝ゲオルク・ガダマー（1986）『真理と方法　I』、轡田収他訳、法政大学出版局
W・L・ゲーリン他（1986）『文学批評入門』、日下洋右他訳、彩流社

ジョルジ・ルカーチ（1986）『ルカーチ著作集2　小説の理論』、大久保健治他訳、白水社
モーリス・ブランショ（1986）『文学空間』、粟津則雄・出口裕弘訳、現代思潮社
——（1989）『来るべき書物』、粟津則雄訳、筑摩書房
モーリス・ブランショ、ジャン・ポーラン（2004）『言語と文学』、野村英夫他訳、書肆心水
テリー・イーグルトン（1986）『批評の政治学』、大橋洋一他訳、平凡社
——（1987）『マルクス主義と文芸批評』、有泉学宙他訳、国書刊行会
——（1988）『批評の機能　ポストモダンの地平』、大橋洋一訳、紀伊國屋書店
——（1996）『美のイデオロギー』、鈴木聡他訳、紀伊國屋書店
——（1996）『イデオロギーとは何か』、大橋洋一訳、平凡社
——（1997）『表象のアイルランド』、鈴木聡訳、紀伊國屋書店
——（2011）『詩をどう読むか』、川本皓嗣訳、岩波書店
——（2012）『批評とは何か』、大橋洋一訳、青土社
——（2014）『文学とは何か　上・下』、大橋洋一訳、岩波文庫版
ロジャー・B・ヘンクル（1986）『小説をどう読み解くか』、岡野久二・小泉利久訳、南雲堂
ジョナサン・レイバン（1988）『現代小説の方法』、青木健他訳、彩流社
ポール・ド・マン（1992）『理論への抵抗』、大河内昌・富山太佳夫訳、国文社
——（1998）『ロマン主義のレトリック』、山形和美・岩坪友子訳、法政大学出版局
——（2005）『美学イデオロギー』、上野成利訳、平凡社
——（2012）『盲点と洞察』、宮崎裕助・木内久美子訳、月曜社

――――（2012）『読むことのアレゴリー』、土田知則訳、岩波書店
フランク・レントリッキア（1993）『ニュークリティシズム以後の批評理論　上・下』、村山淳彦他訳、未来社
アート・バーマン（1993）『ニュー・クリティシズムから脱構築へ』、立崎秀和訳、未来社
ジャン＝イヴ・タディエ（1993）『二十世紀の文学批評』、西永良成他訳、大修館書店
フランク・レントリッキア、トマス・マクローリン編（1994）『現代批評理論　22の基本概念』、大橋洋一他訳、平凡社
E・M・フォースター（1994）『E・M・フォースター著作集8　小説の諸相』、中野康司訳、みすず書房
ヴィンセント・B・リーチ（1995）『アメリカ文学批評史』、高橋勇夫訳、彩流社
土田知則他（1996）『現代文学理論』、新曜社
ジル・ドゥルーズ（1998）『差異と反復』、財津理訳、河出書房新社
――――（2002）『批評と臨床』、守中高明他訳、河出書房新社
デイヴィッド・ロッジ（1999）『フィクションの言語』、笹江修他訳、松柏社
ジョウゼフ＝ヒリス・ミラー（2000）『読むことの倫理』、伊藤誓・大島由紀夫訳、法政大学出版会
――――（2008）『文学の読み方』、馬場弘利訳、岩波書店
小林康夫・松浦寿輝編（2000）『テクスト　危機の言説』、東京大学出版会
小林康夫・石光泰夫編著（1997）『文学の発話行為論』、未来社
井桁貞義（2001）『文学理論への招待』、早稲田大学文学部
土田知則・青柳悦子（2001）『文学理論のプラクティス』、新曜社

グレアム・アレン（2002）『間テクスト性』、森田孟訳、研究社
ポール・グッドマン（2003）『文学の構造』、佐藤勉監訳、彩流社
ハロルド・ブルーム（2004）『影響の不安』、小谷野敦他訳、新曜社
アントワーヌ・コンパニョン（2007）『文学をめぐる理論と常識』、中地義和・吉川一義訳、岩波書店
ジョナサン・カラー（2011）『文学と文学理論』、折島正司訳、岩波書店
ピーター・バリー（2014）『文学理論講義』、高橋和久訳、ミネルヴァ書房
木谷厳編著（2014）『文学理論をひらく』、北樹出版
西田谷洋（2006）『認知物語論とは何か?』、ひつじ書房
――（2014）『文学理論』、ひつじ書房
松本和也（2016）『テクスト分析入門』、ひつじ書房
菅原克也（2017）『小説のしくみ　近代文学の「語り」と物語分析』、東京大学出版会
ミシェル・フーコー（1974）『言葉と物』、渡辺一民・佐々木明訳、新潮社
――（1881）『言語表現の秩序』、中村雄二郎訳、河出書房新社
――（1990）『作者とは何か?』、清水徹・豊崎光一訳、哲学書房
――（2014）『言説の領界』、慎改康之訳、河出書房新社
ヴィクトル・シクロフスキー（1982）『散文の理論』、水野忠夫訳、せりか書房
『ロシア・フォルマリズム文学論集 1』（1982）、水野忠夫訳、せりか書房
『ロシア・フォルマリズム文学論集 2』（1987）、水野忠夫訳、せりか書房
ウラジミール・プロップ（1987）『昔話の形態学』、北岡誠司・福田美智代訳、水声社

――――（2009）『魔法昔話の研究』、講談社学術文庫版
ロラン・バルト（1967）『神話作用』、篠沢秀夫訳、現代思潮社
――――（1971）『零度のエクリチュール』、渡辺淳他訳、みすず書房
――――（1972）『エッセ・クリティック』、篠田浩一郎他訳、晶文社
――――（1973）『S／Z』、沢崎浩平訳、みすず書房
――――（1977）『テクストの快楽』、沢崎浩平訳、みすず書房
――――（1979）『物語の構造分析』、花輪光訳、みすず書房
――――（1979）『旧修辞学』、沢崎浩平訳、みすず書房
――――（1979）『彼自身によるロラン・バルト』、佐藤信夫訳、みすず書房
――――（1981）『文学の記号学』、花輪光訳、みすず書房
――――（1987）『言語のざわめき』、花輪光訳、みすず書房
スーザン・ソンタグ（1971）『反解釈』、高橋康也他訳、竹内書店新社
ウンベルト・エーコ（1979）『開かれた作品』、篠原資明・和田忠彦訳、青土社
――――（1993）『エーコの読みと深読み』、柳谷啓子他訳、岩波書店
――――（1993）『物語における読者』、篠原資明訳、青土社
――――（1993）『テクストの概念』、谷口勇訳、而立書房
――――（1996）『エーコの文学講義』、和田忠彦訳、岩波書店
――――（1997）『文学テクスト読解法』、谷口伊兵衛訳、而立書房
ジェラール・ジュネット（1985）『物語のディスクール』、花輪光・和泉涼一訳、書肆風の薔薇

――――（1985）『物語の詩学』、和泉涼一・神郡悦子訳、書肆風の薔薇
――――（1995）『パランプセスト』、和泉涼一訳、水声社
――――（2004）『フィクションとディクション』、和泉涼一・尾河直哉訳、水声社
ポール・リクール（1987）『時間と物語I～III』、久米博訳、新曜社
W・J・T・ミッチェル（1987）『物語について』、海老根宏他訳、平凡社
A・J・グレマス（1988）『構造意味論』、田島宏他訳、紀伊国屋書店
フランツ・シュタンツェル（1989）『物語の構造』、前田彰一訳、岩波書店
ウェイン・C・ブース（1991）『フィクションの修辞学』、米本弘一他訳、書肆風の薔薇
ジェラルド・プリンス（1991）『物語論辞典』、遠藤健一訳、松柏社
アラスデア・マッキンタイア（1993）『美徳なき時代』、篠崎榮訳、みすず書房
ジェラルド・プリンス（1996）『物語論の位相』、遠藤健一訳、松柏社
ルイ・マラン（1996）『語りは罠』、鎌田博夫訳、法政大学出版局
ジャン・ジョゼフ・グー（1998）『言語の金使い』、土田知則訳、新曜社
ジャネット・H・マレー（2000）『デジタル・ストーリーテリング』、有馬哲夫訳、国文社
パトリック・オニール（2001）『言説のフィクション　ポスト・モダンのナラトロジー』、遠藤健一監訳、松柏社
ピーター・ブルックス（2003）『肉体作品　近代の語りにおける欲望の対象』、高田茂樹訳、新曜社
ジャン＝ミシェル・アダン（2004）『物語論　プロップからエーコまで』、佐藤正年他訳、白水社
マティアス・マルティネス、ミヒャエル・シェッフェル（2006）『物語の森へ　物語理論入門』、末永豊他訳、

法政大学出版局
マリー＝ロール・ライアン（2006）『可能世界・人工知能・物語理論』、岩松正洋訳、水声社
クリストファー・ボグラー、ディヴッド・マッケナ（2013）『物語の法則』、府川由美恵訳、アスキー・メディアワークス
山形和美他編『小説の語り』（1974）、朝日出版社
柳田国男（1975）『物語と語り物』、角川書店
小森陽一（1987）『文体としての物語』、筑摩書房
――（1988）『構造としての語り』、新曜社
赤坂憲雄（1992）『物語という回路』、新曜社
篠田浩一郎（1993）『物語と小説のことば』、国文社
吉本隆明（1995）『語りの海』、中央公論社
河合隼雄（1993）『物語と人間の科学』、岩波書店
――（1996）『物語とふしぎ』、岩波書店
岡真理（2000）『記憶／物語』、岩波書店
鴨川卓博編著（2000）『談話、「語り」、ナラティブ』、大阪教育図書
山岡實（2001）『「語り」の記号論　増補版』、松柏社
大塚英志（2004）『物語消滅論』、角川書店
野家啓一（2005）『物語の哲学』、岩波現代文庫版
宮本久雄・金泰昌編（2007）『シリーズ物語り論1　他者との出会い』、東京大学出版会

宮本久雄・金泰昌編（2007）『シリーズ物語り論2　原初のことば』、東京大学出版会
宮本久雄・金泰昌編（2007）『シリーズ物語り論3　彼方からの声』、東京大学出版会
淺沼圭司（2007）『物語とは何か』、水声社
坂部恵（2008）『かたり』、ちくま学芸文庫版
飯田隆他編（2009）『岩波講座哲学11　歴史／物語の哲学』、岩波書店
立花涼（2009）『ポスト構造主義物語論』、新幹社
高田明典（2010）『物語構造分析の理論と技法』、大学教育出版
小方孝・金井明人（2010）『物語論の情報学序説』、学文社
浅羽通明（2012）『時間ループ物語論』、洋泉社
佐藤彰・秦かおり編（2013）『ナラティブ研究の最前線　人は語ることで何をなすのか』、ひつじ書房
橋本陽介（2014）『ナラトロジー入門』、水声社
――――（2014）『物語における時間と話法の比較詩学』、水声社
――――（2017）『物語論　基礎と応用』、講談社
福沢将樹（2015）『ナラトロジーの言語学』、ひつじ書房
藤井貞和（1985）『物語の結婚』、創樹社
――――（1994）『物語の方法』、桜風社
――――（2004）『物語理論講義』、東京大学出版会
川村湊（1985）『批評という物語』、国文社
赤坂憲雄・兵藤裕己・山本ひろ子（1985）『物語・差別・天皇制』、五月社

物語研究会編（1986）『物語研究　特集・語りそして引用』、新時代社
――――（1994）『物語―その転生と再生』、有精堂
――――（1998）『新物語研究５　書物と語り』、若草書房
三谷邦明（1992）『物語文学の言説』、有精堂
――――（1996）『近代小説の〈語り〉と〈言説〉』、有精堂
糸井通浩・高橋亨編（1992）『物語の方法』、世界思想社
関根賢司（1992）『物語史への試み』、桜楓社
吉岡曠（1996）『物語の語り手』、笠間書院
山下宏明（1997）『いくさ物語の語りと批評』、世界思想社
石井正己（1997）『絵と語りから物語を読む』、大修館書店
兵藤裕己（2000）『〈声〉の国民国家・日本』、日本放送出版協会
――――（2002）『物語・オーラリティー・共同体』、ひつじ書房版
――――（2005）『太平記〈よみ〉の可能性』、講談社学術文庫版
――――（2010）『王権と物語』、岩波現代文庫版
小峯和明（2000）『説話の声　中世世界の語り・うた・笑い』、新曜社
鈴木登美（2000）『語られた自己』、大内和子・雲和子訳、岩波書店
服部幸造（2001）『語り物文学叢説』、三弥井書店
戸松泉（2002）『小説の〈かたち〉・〈物語〉のゆらぎ』、翰林書房
北岡誠司・三野博司（2003）『小説のナラトロジー』、世界思想社

加藤典洋（2004）『語りの背景』、晶文社
高口智史（2007）『〈歴史〉に対峙する文学　物語の復権に向けて』、双文社
小川洋子（2007）『物語の役割』、筑摩書房
脇明子（2008）『物語が生きる力を育てる』、岩波書店
鷲山茂雄（2008）『源氏物語　語りのからくり』、新典社
土方洋一（2010）『物語のレッスン』、青簡舎
花部英雄・松本孝三（2012）『語りの講座　昔話の声とことば』、三弥井書店
鳥居明雄（2013）『出会いの精神史　語りの原像』、ぺりかん社
中村三春（2014）『物語の論理学』、翰林書房
一柳廣孝（2014）『無意識という物語』、名古屋大学出版会
清水道子（1994）『テクスト・語り・プロット』、ひつじ書房
木下善貞（1997）『英国小説の「語り」の構造』、開文社
齋藤重信（1998）『物語が語る語り手』、近代文芸社
吉田廸子（2005）『他者・眼差し・語り』、南雲堂
島崎はつよ（2008）『ジェイン・オースティンの語りの技法を読み解く』、開文社
佐藤勉（2009）『語りの魔術師たち』、彩流社
長谷川純（2013）『語りの多声性』、鳥影社
平林美都子（2014）『「語り」は騙る』、彩流社
現象学・解釈学研究会編（1996）『歴史の現象学』、世界書院

西谷修（2000）『世界史の臨界』、岩波書店
鹿島徹（2006）『可能性としての歴史　越境する物語り理論』、岩波書店
貫成人（2010）『歴史の哲学　物語を超えて』、勁草書房
見田宗介（1996）『現代社会の理論』、岩波書店
片桐雅隆（2000）『自己と「語り」の社会学』、世界思想社
上野千鶴子編（2001）『構築主義とは何か』、勁草書房
K・J・ガーゲン（2004）『社会構成主義の理論と実践』、永田素彦・深尾真訳、ナカニシヤ出版
佐藤嘉一（2004）『物語のなかの社会とアイデンティティ』、晃洋書房
山上雅子（1997）『物語を生きる子どもたち』、創元社
浅野智彦（2001）『自己への物語論的接近』、勁草書房
アーサー・W・フランク（2002）『傷ついた物語の語り手』、鈴木智之訳、ゆみる出版
野口裕二（2002）『物語としてのケア』、医学書院
――――（2005）『ナラティヴの臨床社会学』、勁草書房
――――（2009）『ナラティヴ・アプローチ』、勁草書房
アリス・モーガン（2003）『ナラティヴ・セラピーって何？』、小森康永他訳、金剛出版
北山修・黒木俊秀（2004）『語り・物語・精神療法』、日本評論社
能智正博（2006）『〈語り〉と出会う』、ミネルヴァ書房
小林紀子（2008）『私と私たちの物語を生きる子ども』、フレーベル館
中井孝章・清水由香（2008）『病いと障害の語り』、日本地域社会研究所

ピーター・ブルックス（2008）『精神分析と物語』、小原文衛訳、松柏社
浜田寿美男（2009）『私と他者と語りの世界』、ミネルヴァ書房
皆藤章（2010）『体験の語りを巡って』、誠信書房
中桐万里子（2011）『臨床教育と〈語り〉』、京都大学学術出版会
藤山直樹（2011）『精神分析という語らい』、岩崎学術出版社
マーシャ・ロシター、M・キャロリン・クラーク（2012）『成人のナラティヴ学習』、立田慶裕他訳、福村出版
中村尚樹（2013）『最重度の障害児たちが語りはじめるとき』、草思社
増田靖（2013）『生の現場の「語り」と動機の詩学』、ひつじ書房
川野健治他編（2014）『物語りと共約幻想』、新曜社
内田伸子（1996）『子どものディスコースの発達』、風間書房
竹内常一（1998）『子どもの自分くずし、その後　深層の物語を読みひらく』、太郎次郎社
香川大学教育学研究室編（1999）『教育という「物語」』、世織書房
矢野智司（2000）『自己変容という物語』、金子書房
矢野智司・鳶野克己（2003）『物語の臨界「物語ること」の教育学』、世織書房
臨床教育人間学会編（2004）『他者に臨む知』、世織書房
中井孝章（2005）『学校教育の言語論的転回』、西田書店
――――（2006）『物語論的転回』、日本教育研究センター
浅井幸子（2008）『教師の語りと新教育』、東京大学出版会

皇紀夫（2012）『「人間と教育」を語り直す』、ミネルヴァ書房
津田英二（2012）『物語としての発達／文化を介した教育』、生活書院
西村拓生（2013）『教育哲学の現場　物語りの此岸から』、東京大学出版会
フェルナンド・サバテール（1992）『物語作家の技法』、渡辺洋他訳、みすず書房
ギルバート・アデア（1993）『作者の死』、高儀進訳、早川書房
小川洋子（2007）『物語の役割』、筑摩書房
脇明子（2008）『物語が生きる力を育てる』、岩波書店
千野帽子（2017）『人はなぜ物語を求めるのか』、筑摩書房
ガブリエル・ガルシア＝マルケス（2002）『物語の作り方』、木村榮一訳、岩波書店
――（2009）『生きて、語り伝える』、旦敬介訳、新潮社
デイヴット・ロッジ（2004）『作者を出せ！』、高儀進訳、白水社
伊藤洋（2001）『国語の教科書を考える　フランス・ドイツ・日本』、学文社
三重語り合う文学教育の会編・藤原和好監修（1988）『語り合う文学の授業』
松本修（2006）『文学の読みと交流のナラトロジー』、東洋館出版社
――（2015）『読みの交流と言語活動』、玉川大学出版部
寺井正憲・青木伸生編（2001）『ことばと心をひらく「語り」の授業』、東洋館出版社
寺井正憲（2007）『語りに学ぶコミュニケーション教育　上・下』、明治図書
辻村敬三（2007）『物語を読む力を育てる学習指導論』、溪水社
神谷キヨ子（2007）『物語の確かな読みの力を育てる』、溪水社

齋藤知也（2009）『教室でひらかれる〈語り〉』、教育出版

中川裕（2010）『語り合うことばの力』、岩波書店

中村龍一（2012）『「語り論」がひらく文学の授業』、ひつじ書房

川田英之（2016）『自己の「物語り」をつむぐ国語授業』、東洋館出版社

佐々原正樹（2017）『「語り直す力」を育てる文学教育の構想　ナラティブを援用して』、溪水社

*A suvire....Français 6e-1e*,2005,Belin.

*Fenetres ouvertes Français 6e-1e*,2009,Bordas.

*Rives Bleues Français 6e-1e*,2009;Hatier.

*Le couleurs du Français 6e-1e*,2009,Hachette Ista éducation.

*Jardan des letters Français 6e-1e*,2013,Magnard.

*Mots&émotions Français 6e-1e*,2009,Magnard.

*Terre des Lettres Français 6e-1e*,2013,Nathan.

Todorov;Tzvetan. 1965.*Théorie de la littérature*,Bridgeman Images.

――――――.2007.*La Littérature en péril*,Flammarion.

Genete,Gérard.1972.*Dicours du récit*,Bridgeman Art Library.

White,Hayden.1973.Metahistory.Johns Hopkins University Press.

――――――.2010.*The Fictions of Narrative*.Johns Hopkins University Press.

# 初出一覧

## 第Ⅰ部

第一章　教室における「読むこと」の課題
「中学校　読むこと（文学）の教育と授業」『教科教育学シリーズ1　国語科教育』、一藝社、二〇一五年

第二章　国語教育における言語の問題
「言語論的転回としての教科開発学」愛知教育大学教科開発学専攻編『教科開発学を創る』第1集、愛知教育大学出版会、二〇一七年

第三章　物語の理論／語りの方法
書きおろし

第四章　国語教科書における物語分析――フランス中学校の場合――
「教科書における語り分析の研究――フランス中学校国語教科書を対象として――」『愛知教育大学　教職キャリアセンター紀要』第1号、二〇一六年

第五章　教室で読むための語り分析の方法
「教室で読むための語り分析」『国語国文学報』第73集、愛知教育大学国語国文学研究室、二〇一五年

## 第Ⅱ部

第一章　『おにたのぼうし』（あまんきみこ）――存在の〈内〉と〈外〉――

「存在の〈内〉と〈外〉――『おにたのぼうし』の語り分析――」『愛知教育大学大学院国語研究』第24号、二〇一六年

第二章　『ごんぎつね』（新実南吉）――語りによる読みの深まり――

書きおろし

第三章　『大造爺さんと雁』（椋鳩十）――語りの無意識――

「『大造爺さんと雁』が語ること」『日本文学』No.735、日本文学協会、二〇一四年

第四章　『雲』（あまんきみこ）――戦争児童文学の読み方――

「戦争・表象・教材――あまんきみこ『雲』をめぐって――」あまんきみこ研究会編『会報』第1号、二〇一八年

## 第Ⅲ部

第一章　詩教材と物語

書きおろし

第二章　物語としての説明文

書きおろし

# あとがき

本書は、平成26~28年度科学研究費補助金・基盤研究(C)「国語科の授業における〈語り〉分析の有効性に関する実証的研究」(課題番号二六三八一一九五)の成果をまとめたものである。二〇一七年三月に『読むこととしての語り』と題して報告書を刊行したが、溪水社のご厚意により、大幅にプロットを見直したり、新たに書き加えたりして、単著として上梓することができた。ご快諾いただいた木村逸司氏に心から感謝申し上げる。

科研費による受託研究の期間中、フランスのコレージュ(中学校)の教科書と指導書を購入したり、コレージュとリセ(高等学校)の授業を参観したり、フランスへ渡航して日本では未見の国語教育や物語論の文献を閲覧できたりしたことは、とても貴重な体験となっている。通訳や翻訳については、杉淵洋一氏(愛知淑徳大学)にご協力いただいた。氏のおかげで、フランスの言語教育の現状を垣間見ることができ、教育思想の一端にも触れることができた。厚く御礼申し上げたい。

「第Ⅱ部第二章『ごんぎつね』(新美南吉)——語り分析による読みの深まり——」は、大学での授業報告である。中学校や高校での授業は、よく論文として発表したりもしたが、大学での授業実践を発表するのはこれが初めてである。『ごんぎつね』については、都立高校に勤務していた頃授業で扱い、

「他者を読む――高校における『ごんぎつね』の授業――」(『日本文学』No.590、日本文学協会、二〇〇二年八月)として論文化したことがある。大学での授業報告が、質的にどのようなものであるかについて確信めいたものがあるわけでもないが、いまは、私にとっての現場は大学であることから臆することなく発表することとした。

〈語り〉について初めて論文発表したのは、一九九五年四月、「対話としての〈語り〉――『なめとこ山の熊』(宮澤賢治)の実践から――」(『月刊国語教育研究』No.276、日本国語教育学会)であった。あれから四半世紀近い歳月が流れているが、いまだに〈語り〉に取り組んでいようとは思ってもみなかった。しかし、最近でも「〈語り〉がひらく読みの地平」(『月刊国語教育研究』No.514、日本国語教育学会、二〇一五年二月)という論文を書いていたり、二〇一六年八月から『道標』(教育出版)に「語り講座」として連載していたりする。国語の授業で、語りはいまだ広く行われていないという現状に鑑みれば、くり返し述べる必要があったのだろう。

本書を執筆・校正していて、進んでいると思っていたものが、実はもとに戻っているだけなのかもしれないと思うことが度々あった。「第Ⅰ部第三章　物語の理論/語りの方法」執筆に際しては、学生の頃読み耽ったロシア・フォルマリズム、ロラン・バルト、ツヴェタン・トドロフ、ウンベルト・エーコらの著作まで遡らねばならなかった。「第Ⅲ部第二章　詩教材と物語」では、大学院時代よく親しんだミハイル・バフチン、ジュリア・クリスティヴァ、ポール・ド・マン、テリー・イーグルトンなどを読み返していた。最初の単著『教室の中の読者たち』(一九九五年)から、それほど遠くに来ているのではないと思い知った。

　子どもの貧困、格差社会が言われて久しい。私のごとき一教員が、経済格差や貧困それ自体に立ち向かう術《すべ》を持っているわけではないけれども、社会の貧困は言葉の貧困であり、それに抵抗することなら何かできるのではないかと思ってしまう。昨今の社会は、学術や教育においてさえエビデンスを出し、ただちに結果や成果をあげることが求められている。効率化・機能強化が至上命題であり、無駄なものは簡単に切り捨てられ、結果の見えないものは一顧だにされない。失敗は許されず、試行錯誤している暇《いとま》もない。誰しもそのようなサバイバル競争に駆り立てられ、「負け組」にならないために必死で仕事をしなければならない。高校生の時、井伏鱒二の「屈託」や太宰治の「含羞」にほっと胸をなでおろした記憶がある。大学の卒業論文とした内田百閒の「無意味の意味」を思い出してしまう。試行錯誤をくり返したり、失敗から学んだり、葛藤に身をよじったりすることは、いつの時代にも不可避な事態なのではないか。そのようなプロセスを度外視して、性急な成果を追い求める社会は、子どもたちの自然な発達や成長に悪影響をもたらし、それこそ貧困な社会を招来せずはおかないのではないか。

　言葉の貧困は、物語の貧困でもある。わたしたちは、自分の物語を生きている。しかし、現代の情報化／消費化社会は、人々を消費に駆り立て、のめりこませる物語にあふれている。それゆえ、物語は、作られると同時に壊されなければならないものである。創造と解体の両方が、物語には必要なのだ。最近の学生たちを見ても、安楽な自己物語から出ようとしない。傍から見ると、首を傾げたくなるような物語であっても、たとえそれを自覚していたとしても、そこから出ようとはしない。物語の壊し方を知らないのである。別の物語を作ることができないと言ってもよい。それゆえ、学校の授業では、自己物語を相対化するメタ物語のレベルを教えること、あるいは物語の行為性を認知できるような内的経験を成立させることが求められよう。本書がそのための一助となることを願うばかりである。

最後に、妻の典子に校正を手伝ってもらった。娘の真子は表紙の装丁を担当してくれた。家内制手工業といった趣きで読者には恐縮だが、二人には感謝している。愛知県に単身赴任して一〇年以上になる。この間妻には家庭のことから子育てにいたるまで任せきりである。研究と教育に没頭できているのも、妻のおかげである。感謝の言葉を表したい。

二〇一八年一月一八日　愛知教育大学の研究室にて

丹藤博文

# 事項索引

**著者紹介**

**丹藤 博文**（たんどう　ひろふみ）

国立大学法人愛知教育大学教育学部国語教育講座教授
1960 年 4 月 10 日、弘前市生まれ。東京学芸大学大学院修了。東京都立高校教諭を経て現職。専門は、国語科教育学（文学教育）。単著に、『教室の中の読者たち——文学教育における読書行為の成立——』（学芸図書 1995)、『他者の言葉——文学教育における批評行為の成立——』（学芸図書 2001)、『文学教育の転回』（教育出版 2014）がある。

ナラティヴ・リテラシー

——読書行為としての語り——

平成 30 年 4 月 10 日　発　行

著　者　丹　藤　博　文

発行所　㈱　溪　水　社
広島市中区小町 1-4（〒730-0041）
電　話　082-246-7909
ＦＡＸ　082-246-7876
メール　info@keisui.co.jp
印刷・製本　モリモト印刷

ISBN　978-4-86327-427-3　C3081